李白
长安离职的
秘密

王新安◎著

中国商业出版社

图书在版编目（CIP）数据

李白长安离职的秘密/王新安著．——北京：中国商业出版社，2020.9

ISBN 978-7-5208-1208-5

Ⅰ．①李… Ⅱ．①王… Ⅲ．①职业选择 — 通俗读物 Ⅳ．① C913.2-49

中国版本图书馆 CIP 数据核字（2020）第 133600 号

责任编辑：陈　皓　常　松

中国商业出版社出版发行

010-63180647　　www.c-cbook.com

（100053　北京广安门内报国寺 1 号）

新华书店经销

天津冠豪恒胜业印刷有限公司印刷

*

710 毫米 ×1000 毫米　16 开　13 印张　200 千字

2020 年 9 月第 1 版　2020 年 9 月第 1 次印刷

定价：50.00 元

* * *

（如有印装质量问题可更换）

自　序

李白是唐代诗坛泰斗级的人物，他怀着对自己人生终极目标的追求，走完了他并不平坦的一生，给后人留下许多慨叹和思索。如果李白活到现在并且要他写自传的话，大概书名就是"我在大唐的奋斗"之类的。你要是问他：你奋斗了什么呀？他就举起杯中酒一饮而尽，然后向你伸出两根手指头回答道：我的奋斗其实很简单，就是人格理想和政治理想的奋斗。你要是还刨根问底地问他：诗仙呀，当你的政治理想奋斗到快要实现的时候，你为什么要离开翰林院离开长安呢？这时候，只见诗仙长叹一口气，然后转身走到窗前怅然若失地举头望明月、低头思故乡去了。

那我们现在就简单梳理一下，他是如何奋斗又是如何离开长安的。

第一，人格理想的奋斗

有人说，李白最悲壮、最豪迈的应该是他崇尚高洁完美、自由奔放的人格理想。当然，还有人说他蔑视权贵并且与权贵进行了不懈的抗争等，还搬出他一连串的诗句作为此观点的旁证。

关于李白蔑视权贵这一点，恕我要保留个人不同的意见。因为，他的那些读起来朗朗上口的诗句所表达的只是他当时的心境，我们不能仅仅从字面上断章取义地进行片面理解。情感的表达或宣泄是一回事，回到实际的生活和行为往往又是另一回事，这其间会发生许多人在屋檐下不得不低头的事情。譬如，李白在几次干谒求推荐的时候，就不得不低下高昂的头颅，并且差一点就要向权贵们献出膝盖了。也许，您还会说即使这样，他的内心仍是高贵的，是蔑视权贵的。他不是说了那句经典名言"安能摧眉折腰事权贵"吗？您看，这不就又陷入了"从前有座山，山上有座庙，庙里有个和尚"那个循环无解的故事里面去了吗？

我们不得不承认李白除了是一个天才的诗人，还兼有游侠、剑客、隐士、道人、酒徒的性格与特质。他一方面接受儒家"兼济天下"的思想，另一方面又尊奉道家思想。因此，他追求的人格路径是从隐士到宰辅，再从宰辅到隐士。既极力追求飘逸、放旷的个性自由，又不放弃"济苍生"的功名与显赫。这种矛盾和冲突性比较明显的人格追求模式也让他为此纠结痛苦了一生。他骨子里的那种恃才傲物、"一醉累月轻王侯"的人格理想与现实是无法和谐共处的，这也导致了他的人格理想最终无法实现。

第二，政治理想的奋斗

李白除了对美好人格理想追求的同时，也苦苦地追求着自己美好的政治理想。他始终以"天生我材必有用"的坚定信念辗转东西，上下求索，欲实现其"一朝为帝王之师"，然后推行自己的"贤臣辅明主"的政治主张，最终建立济苍生和天下大治的不朽功业。

李白第一次入长安时就想通过岳父的关系和推荐达到登堂入室、"历抵卿相"的目的，可结果是不仅毫无进展，还差一点给自己带来一场灾祸。即便如此，他依然坚守自己的人生信念。他在第一次离开长安时写下的《行路难》(其二)与《蜀道难》中，诗里虽然慨叹"蜀道之难，难于上青天"，但内心却从不放弃自己对政治理想的追求。

天宝元年（公元742年）秋天，他第二次到了长安以后，受到了唐玄宗超规格的接待，并且获得了翰林待诏这个跟皇帝走得很近的工作机会，这与他一生向往的宰辅相差不远。这下，他总应该静下心来好好工作了吧？但可惜的是，干了仅仅一年半，他就提出了辞职。皇帝最终也就顺水推舟地将他"赐金放还"了！

自　序

第三，长安离职的真相

文史在说到李白放还这件事上，观点大都把问题推到了唐玄宗身上。说这时的唐玄宗已失去了往日励精图治的雄风，由一个英明的天子蜕化成了一个只图享受的安乐君主，如滥用民力、穷兵黩武、歌舞升平、信奸用佞等等，这与李白理想中的贤明君主差得太远了。于是，李白经过痛苦的思想斗争之后，就上书请求"放还"，然后就惆怅满怀地离开了长安。因此，一贯以大鹏自喻，想一鸣惊人、一飞冲天的李白，在残酷的现实面前就只好"抽刀断水水更流，举杯消愁愁更愁"了，自己执着追求的"君臣无猜，同僚和睦，以济苍生"的政治理想也就以失败而告终了。

那么，"赐金放还"事件的真相果真是取决于唐玄宗一个人的态度吗？一件事情的发生其实往往是有很多因素同时作用的结果，李白的离去难道仅仅是唐玄宗这一外在的因素造成的吗？假定就是唐玄宗的原因，那么让皇帝做出这个决定的内因到底又是什么？

因此，本书结合"每个人都是以自己名字命名的公司"的理念，从职场的视觉和角度来分析李白长安离职的原因。

长安离职后的李白，虽然失望，但未绝望，而是仍然含着热泪西望长安，希望有一天能够重返故地重新回到政治理想的舞台。"狂风吹我心，西挂咸阳树""水国秋风夜，殊非远别时。长安如梦里，何日是归期""三山怀谢朓，水澹望长安"等都是在表达心中的这种期盼。理想不达，心火不灭！

然而，李白最终还是没有实现他再次回到长安的梦想，他只能是"梦魂不到关山难，长相思，摧心肝""总为浮云能蔽日，长安不见使人愁"了！

李白虽在文学史上留下了千古美名，但随着他长安的离职，他美好的人格理想和政治理想就只能成为一场至死不渝的美梦了。这是诗仙太白给历史的一段留白，也是留给历史的一种遗憾，更是留给了我们太多的思考。

目 录

引 子	1
第一回 老白的欣喜若狂	**3**
盛世繁华	4
吉祥天宝	6
录用通知书	9
仰天大笑出门去	10
刷屏朋友圈	13
第二回 小白的诗和远方	**19**
不凡的身世	21
任侠少年的故事	23
当 CEO 的梦想	26
科考的烦恼	27
第三回 美白的大千世界	**31**
世界这么大，我想去转转	32
驴友万岁	38

当一回善财童子　　42
　　结婚不走寻常路　　46

第四回　直白的求职信　　53

　　唐时为何诗人多　　55
　　鹏鸟渝地受阻　　60
　　安州再遭冷遇　　64
　　襄阳自荐无门　　68

第五回　灰白的心里很拥挤　　71

　　初入长安的况味　　72
　　贵人总难觅　　75
　　终南也无捷径　　78
　　行路难，归去来　　81

第六回　不明不白的焦躁　　87

　　梁园虽好，却非久留之地　　88
　　十年生死两茫茫　　91
　　心烦就喝酒　　94
　　东山与山东　　101

第七回　太白的江湖地位　　111

　　再入长安缘故人　　113
　　金龟换美酒　　117

目 录

  BOSS 直聘   121

  工作不用 996   125

第八回 不太明白的岗位说明 131

  拐弯又遇弼马温   132

  待诏、供奉、学士有何区别   135

  奉旨填词   137

  天子呼来不上船   141

第九回 表白的方式 147

  酒仙老友要退休   149

  高力士脱靴的真相   152

  离职申请   158

  赐金放还   159

第十回 留白的神韵留给历史 163

  离职探秘   165

  老板为何不挽留   170

  仕途不幸诗家幸   175

  长安回望   180

李白年表 189

主要参考文献及书目 194

后 记 196

引 子

  李白是大唐诗坛里一颗最为闪耀的明珠，不仅熠熠生辉，而且达到了璀璨夺目的程度。他凭借震古烁今的诗才，奠定了自己在千古文坛巨擘的地位，被后世称为诗仙、谪仙人。

  他15岁就好剑术，喜好炼丹和剑侠之道。性情像极了古龙小说里的侠客："十步杀一人，千里不留行。事了拂衣去，深藏身与名。"他喜爱看司马迁写的"武侠小说"——《史记·游侠列传》，并且痴迷于小说里侠客的那种快意恩仇。

  24岁那年，他辞别双亲远游各地，开启了寻访名山大川之旅。随着他见识和阅历的不断增加，眼界也就豁然开阔，诗歌的意境和气魄，亦如浩然江河，奔腾千里，气象高远。

  他一直以"奋其智能，愿为辅弼，使寰区大定，海县清一"的功业自许，终身矢志不渝地追求完成"谈笑安黎元""终与安社稷"的志向。他以大鹏、天马、雄剑自比，期望有一天能像姜太公辅佐周文王和周武王那样使天下得以大治，像诸葛亮辅佐刘备那样令汉室得以兴复。他除了要喝最烈的酒、要写最狂的诗，他还要做全国最大的官。一生热衷于功名宦途，以成就其"申管晏之谈，谋帝王之术"的宏图伟业。

  为了实现其为官的愿望，他四处干谒地方高官，结果都是乘兴而去、败兴而归。碰了一鼻子灰的李白并没有因此而退缩，依然坚信"何王公大人之门，不可以弹长剑乎"？于是，在30岁那年，他第一次来到长安，想碰碰运气,看能否在长安结识几个王公大臣,为自己搭建一个仕途阶梯。可最后的结果,仍然是无功而返。

困顿的日子,不济的时运,他并没有就此而消沉,他仍在等待和仰望,他仍在坚守与期盼。

42岁这一年的秋天,逆袭的故事开启,他终于等来了人生和事业的春暖花开。大明宫金銮殿的大门也终于为他打开,他那"大丈夫必有四方之志"的人生理想眼看就要实现啦!

我们小时候都希望把人生过得不遗憾,长大后却发现最遗憾的事情是人生没有不遗憾的。当然,这样的遗憾里也包括了李白。

天宝三年(公元744年)的小阳春,李白突然向唐明皇提出了离职放还的请求,唐明皇也就顺水推舟地同意了。至此,他前后三年实际却只有一年半时间的从政生涯就此匆匆结束。

就如同一家风头正劲的上市公司突然就宣布退市了,肯定让华尔街的风投和股民们的眼镜跌了一地!

那么,在这短暂的官宦仕途中,到底发生了哪些事情呢?

李白一生孜孜以求的政治理想终未实现的悲剧其原因到底是什么呢?

欲知详情如何,且听本书分解!

第一回

老白的欣喜若狂

公元742年，即唐玄宗天宝元年初，大唐皇帝下发了关于引进人才的诏书。数月后，一封快递到达山东兖州任城，这个offer从此就彻底改变了李白的命运。老白于是就"仰天大笑出门去"，欣喜若狂地直奔京都长安而来。

美好和辉煌的事情总是令人津津乐道，痛苦的往事却如心底的一道伤疤不愿提及。而历史的河流却一直蜿蜒不息，奔腾向前。

公元710年，历史的风口让25岁的李隆基以雷霆之势一举粉碎了太平公主的阴谋，接过了他爹爹唐睿宗的董事长之位后，从此便大刀阔斧地进行了一系列改革。

为了增强国力，加大财政收入，唐玄宗先从经济方面入手改革。第一，打击豪门士族，加强中央集权；第二，推行土地新政，以增加政府财政收入，减轻人民负担；第三，抑制佛教势力，淘汰僧尼；第四，大力发展农业。

通过唐玄宗30年的励精图治，大唐公司取得了日新月异的发展，经营业绩也是突飞猛进，成为世界第一流的国际化大公司，并且亲手开创了大唐著名的开元盛世。

盛世繁华

唐玄宗李隆基在位44年，开元之治是他统治前期出现的盛世。开元年间他政治比较清明，能任用贤能，经济得以迅速发展；他提倡文教，天下得以大治。因此，唐朝很快进入了全盛时期，并成为当时世界上最强盛的国家，史称"开元盛世"。开元的繁盛期，持续了近30年。

李隆基登基之初，任用姚崇、宋璟、张九龄等为相，宋璟和姚崇被老百姓称作"有脚阳春""救时宰相"。大唐君臣励精图治，财富不断累积使社会出现了空前繁荣。全国人口数量达到了5290万，更有人认为当时中

第一回　老白的欣喜若狂

国的人口已经达到 7000 万。而同期的东法兰克福王国从塞纳河到莱茵河之间的人口才 200 多万。

不仅人口多，而且开元时期的国民收入是欧洲的五倍以上。那时候流通的货币是铜钱，为了方便携带和存放都用绳子把铜钱串起来。据说开元时期很多人家放在家里的铜钱，一直放到串铜钱的绳子都烂掉了还没有花出去。

开元时代的农业也得到了空前的发展，据说当时全国粮库的粮食，够全国人民吃 25 年之久。后来很多文字是这样记录开元盛世的："政局稳定，经济繁荣，文化昌盛，国力富强。水利疏通，道路通畅，仓库充实，人口增加。吏法清明，粮帛丰富，行旅安全，军力强大。物价低廉，商业兴旺。夜不闭户，路不拾遗。"开元时期的人口、财富和总体军事实力都远远地超过了当时世界上的其他所有国家。

开元时代不仅经济非常发达，国力昌盛，百姓衣食无忧安居乐业，而且是一个非常开放的时代。在这个黄金时代，大唐以中国文化为主流，吸纳外部文化的精粹，形成一种开放、融合、富有生命力和创造力的文化。据《唐六典》记载，当时与唐通使的国家多达 300 个。

那时的大唐王朝四海升平，到处莺歌燕舞。诗人杜甫有点夸张地写道："忆昔开元全盛日，小邑犹藏万家室。稻米流脂粟米白，公私仓廪俱丰实。九州道路无豺虎，远行不劳吉日出。齐纨鲁缟车班班，男耕女桑不相失。宫中圣人奏云门，天下朋友皆胶漆。百余年间未灾变，叔孙礼乐萧何律。"

那么，开元盛世下的长安有多繁华呢？

当时长安城的人口达到了 120 多万，世界上没有一个城市可以达到如此众多的人口。

长安不仅是一个伟大帝国的首都，它还是一个国际性的大都市，是世界最伟大的城市，是亚洲文明的辐射中心。那时长安有来自世界各地的外国人，有阿拉伯的传教士，有印度、波斯和叙利亚的商人，有朝鲜和日本的和尚与留学生，有尼泊尔、西伯利亚的民族人士，有中亚各国的艺术家和表演家等。

在长安的居民中，外国的音乐、时装和香料风靡一时。那时，唐朝上流社会最爱玩的游戏是来自波斯的马球比赛。在某些特殊场合，来自西亚的乐团女演员骑在骆驼上，演奏一些新奇的乐器，例如琵琶，供贵族们来欣赏。那些达官贵族的妇女会穿戴中亚款式的紧身衣和披肩。

长安城不仅是一个开放的城市，还是一个奔放的城市。长安城在每年正月十五的上元节，有数万盏高达几十米的灯轮像巨树般万花绽放，有数千名丽人在灯轮下踏歌，三天三夜没有间断。这时候，长安城的王公贵族和平民百姓们无不走出坊门，观赏争奇斗艳的各式花灯，以致车不能掉头，人难以转身。古籍《雍洛灵异小录》记载："唐朝（长安）正月十五夜——灯明如昼，山棚高百余尺，神龙以后，复加俨饰，士女无不夜游，车马塞路。"这是非常罕见的集体狂欢。

唐帝国空前强大，礼仪文化隆盛，艺术家创造力旺盛，民众精力活跃。此时，宽容和昂扬，是长安内在的精神气质。长安成为整个东亚的制度和文化输出的源泉。公元718年，日本元正天皇制定的官制、田制和税制、学制都是拷贝大唐，首都奈良则是长安的翻版。新罗同样全面接收了大唐的制度与儒学文化。长安成为一个名副其实的世界性城市。

开元长安的繁华，也给英国的历史学家汤因比先生留下了深刻的印象。所以，他也想回到那个盛世的长安。

吉祥天宝

古代皇帝即位后，一般都用纪元年号来作为权力正统的象征，这被称之为"奉正朔"。年号一般由皇帝发起，但也有以国家名（国家诞生时间）

第一回　老白的欣喜若狂

来纪念的。新的国君即位时一般需要使用新年号，但前一代皇帝驾崩的那一年不可改元，在第二年的时候才可以改元。一个皇帝在位时，也可以进行多次改元。

皇帝启用的年号有多有少，有的皇帝在位期间不"改元"，即只用一个年号，如明清两朝。明太祖朱元璋在位31年，只用了一个年号"洪武"。当皇帝时间最长的清圣祖爱新觉罗·玄烨在位61年，也只用了一个年号"康熙"。因为只用一个年号，后人便以年号代称皇帝，如洪武皇帝即明太祖，康熙皇帝即清圣祖，崇祯皇帝即明思宗朱由检，光绪皇帝即清德宗爱新觉罗·载湉等。

历史上大多数皇帝采用过两个或更多的年号。或欲祈求气象鼎新时，或在出现天灾人祸时，甚至在偶有身体不适时，就改换年号。唐高宗改元最多，在位34年用了14个年号。女皇武则天创造了另一个第一，从称帝到逊位的15个年头里，用过13个年号，其中的三年均采用了两个年号。晋惠帝在位期间，有一年曾四次改元，创造了一个改元最高纪录。

年号的字数有多有少，大多数的年号都选用两个字。少数有三个字的，如梁武帝的"中大通""中大同"。还有四个字的，如北魏太武帝的"太平真君"，武则天的"天册万岁""万岁通天"，宋太宗的"太平兴国"，宋真宗的"大中祥符"等。字数最多的年号多至六个，有西夏惠宗的"天赐礼盛国庆"。

因为年号选用的都是吉祥字词，汉字虽多，然吉祥字词有限。故而上乘的吉祥年号往往被重复使用，且是多次，如"建平"多至八次，"天佑""太平"10次，"天成"11次。

唐玄宗在位期间，一共用了两个年号，一个是"开元"，另一个是"天宝"。"开元"的意思就非常的明显，他就是想自己在位时能够开创一个新纪元。由于唐朝在武周、中宗和睿宗时期，皇帝更换过于频繁，不仅朝政混乱，各级官吏也是鱼龙混杂。唐玄宗就是在这种情况下进行大刀阔斧的改革，意在打造一个清明盛世的新气象，开创一个新的纪元。

唐玄宗当了29年的皇帝之后，他将"开元"年号改为了"天宝"。为什么选"天宝"作为年号呢？因为"天宝"二字与道教有关，就是说天降宝符，这与上天又能够扯上一回关系。唐高祖李渊建立唐朝之时，嫌自己的门第低，于是追认老子李耳为先祖，李唐王朝信奉道教也是由此而来。

玄宗皇帝将"开元"改为"天宝"有三个原因：

第一，图祥瑞。据《唐大诏令集天宝改元制》以及《唐书》的记载，当时陈王府参军有一个叫田同秀的官员给皇帝讲了一个关于"祥瑞"的故事："玄元皇帝（高宗给老君的封号）降见于丹凤门之通衢，告赐灵符在尹喜之宅。"

田同秀说他在上朝的路上，亲眼在大明宫的丹凤门之上看到了一个神仙，哪个神仙呢？就是老子，太上老君。太上老君在空中跟他亲切交谈，说："我藏灵符，在尹喜故宅。"太上老君告诉他，他已经将一个宝符藏在函谷关的关令尹喜过去住的那个宅子里了。一听这话，唐玄宗赶紧派人去找，果然就找到了那个宝符。群臣们激动万分，纷纷上表让皇帝顺应天命改年号："函谷宝符，潜应年号；先天不违，请于尊号加天宝字。"皇帝说，朕本来是想无为而治的，是不想折腾的，既然你们一再要求，那我只好同意了——玄宗从之。

第二，避晦气。开元二十九年（公元741年）的年底，李唐宗室接连故去了两个重要的人物，第一个就是唐玄宗的大哥宁王李宪，第二个就是唐玄宗的堂哥章怀太子的儿子邠王李守礼，这两个人的相继离世使得唐玄宗兄弟这一辈就剩他一个人了。那时唐玄宗也是年近六旬了，兄弟都离他而去了，他这个心里啊，就有点害怕。这个时候眼看就到了开元二十九年年底了，要不干脆改一个年号得了，就当避避晦气也是蛮好的嘛。

第一回 老白的欣喜若狂

第三,享安逸。开元末年唐玄宗觉得一生中所要办的大事基本上全都办完了。太子李亨选好了,虽然经过了几次反复的波折;宰相李林甫也选好了,既精明又能干,还又柔顺听话,用起来顺心顺手的;内廷的心腹高力士那就更不用说了,一直对我忠心耿耿,细心干练,得心应手;开元二十九年的时候宠妃杨玉环也选好了,两情缱绻,三千宠爱于一身。反正,人生的创业时期基本已经结束了,既然该办的事情都已经办完了,剩下的时间就应该用来享受休闲娱乐的生活了。

就这样,唐玄宗不仅改了一个年号叫天宝,而且还给自己上了一个尊号叫作开元天宝圣文神武皇帝。他内心的满足感那是相当爆棚!

天宝吉祥,吉祥天宝。不仅唐玄宗感觉改了年号后,给自己的帝国和宫廷生活增添了祥瑞和吉兆,而且让另一个人也感同身受,觉得改了天宝之后确实也给他带来了祥瑞,给他降临了福运,让他欣喜若狂。这人是谁呀?大诗人李白!

录用通知书

李白自开元十三年(公元 725 年)离开巴蜀,像一个漂泊异乡的游子游荡了 18 年一无所获,怎不令人忧愁和焦虑呀。"白发三千丈,缘愁似个长。不知明镜里,何处得秋霜。"千愁万愁,愁自己的官禄仕途,愁自己的老大不小。揽镜自照,两鬓生白发,眼袋显衰老。42 岁的年纪按照唐时平均 50 多岁的寿命,我李白,应该叫老白!

天若无情天灭曹,月如有恨月不圆。唐玄宗因为改元就颁发了关于求贤的诏书。诏书是这样要求的:"前资官及白身人,有儒学博通,文辞秀逸,及军谋武艺者,所在具以名荐。"意思就是,任何人只要你通儒学或者有文采,或者是会武艺的话,都可以让地方官写推荐信。

于是,不久后的某一天,唐明皇就看到了有人呈来的推荐书和一并附

李白长安离职的秘密

上的李白简历：

姓名，李白，字太白，号青莲居士；性别，男；年龄，42 岁；民族，汉；祖籍，陇西成纪。

特长和爱好：挚爱大唐的大好山河，性格豪迈，游踪遍及南北各地。热爱文学和诗歌创作，现已写了数百首赞美名山大川的壮丽诗篇兼长、短句、五言、七言绝句和律诗。25 岁写了《望庐山瀑布》，26 岁写了《静夜思》。"飞流直下三千尺，疑是银河落九天""举头望明月，低头思故乡"上至老者、下至儿童，贩夫走卒、引车卖浆者流均能口诵。"孤帆远影碧空尽，唯见长江天际流""两岸青山相对出，孤帆一片日边来""蜀道之难，难于上青天""大鹏一日同风起，扶摇直上九万里"等诗句都是出自鄙人的笔下。曾被贺知章称为"谪仙人"。

不久，吉星终于高照到了老白原本雾霾笼罩的天空，一封来自大唐的录用通知书将给他的人生和命运带来天翻地覆的变化。

简直是买彩票得了巨奖，是喜从天降的那种欣喜若狂。此时此刻的他真有点同情因幸福来得太突然反倒痰迷了心窍的那位范进范举人了！

人逢喜事精神爽，高兴呀！人生欢愉的时刻总要做点什么吧，除了就着花生米喝点小酒外，写一首表达此刻心情的诗那也是必须的呀！

于是，一首著名的《南陵别儿童入京》就这样应运而生了。

仰天大笑出门去

老白激动的心、颤抖的手、美妙的诗句，像一股淙淙的清泉从他的笔尖流过：

白酒新熟山中归，黄鸡啄黍秋正肥。
呼童烹鸡酌白酒，儿女嬉笑牵人衣。

第一回　老白的欣喜若狂

>高歌取醉欲自慰，起舞落日争光辉。
>游说万乘苦不早，著鞭跨马涉远道。
>会稽愚妇轻买臣，余亦辞家西入秦。
>仰天大笑出门去，我辈岂是蓬蒿人。

白酒刚刚酿成熟时我刚好就从山中归来了，啄着谷粒的黄鸡在秋天里长得正肥（酒鬼眼里无活物，下酒菜不用愁了）。

喊着童仆给我炖黄鸡斟上白酒，孩子们嬉笑吵闹地牵扯着我的衣服有点恋恋不舍。

放开喉咙高歌求醉想以此自我安慰，醉而起舞与秋日夕阳争夺光辉。

游说万乘之君却苦于时候不早了，必须快马加鞭、与日月争辉地奔赴远方伟大的光明前程。

会稽愚妇看不起当年贫穷的书生朱买臣，如今我也辞家西行去京都长安上班了。

昂首阔步仰天长笑地走出家门而去，我怎么会是永远埋没在草野中籍籍无名之人呢？

李白写这首诗的时候，他的两个孩子尚年幼（此指女儿平阳和儿子伯禽），由于经济条件的原因，两个孩子又缺少亲生母亲的爱，日子过得有点恓惶。他们在见到久别的父亲后高兴不已，欢喜地拉着他的衣衫寸步不离。老白只好蹲下身子左亲右抱地抚慰道，皇帝此番让爹爹进京，肯定会让我高管得做、骏马任骑，待我上班稳定后马上回来接你们过去住大房子，给你们上最好的学校，决不能再让你们输在起跑线了。另外，我下次回来一定给你们买好多好多的玩具，乖！

老白抻了抻有点褶皱的袍衣，给了家中刘妇人一个冷冷的白眼。最后，老白总结性地对刘妇人谆谆教诲道："一个人，尤其是女人，你可以鄙夷贫穷，但决不可以得罪英雄。朱买臣可以一时落魄难以成龙，但总有一天会气贯长虹！会稽愚妇眼中空，珠玉未识命难终。"

见妇人这时将头自动降低了35度，老白喉咙的声音自然又提高了八度：

"现在的我，今非昔比，旦夕之间将飞黄腾达，直上青云，贵不可言。你可要好生照看我的两个孩子，给他们一个快乐的童年。一定要将改善他们膳食条件的工作提到议事日程。

"什么？你说钱的问题？笑话！等我到京城后，一切问题不都迎刃而解了吗。凭我这才学，老板一定会给我开一份不菲的年薪。当然喽，长安那边如果顺利的话，我会接你们过去一起住的。你暂时先一门心思地将两个孩子照顾好，其他你不用操心。相信我，我可是重情重义之人，吾决不负汝！"

刘妇人听了老白的这一番表白，眼里顿时泛起温柔的光来，脑海里也便浮现出一幅画来：在繁盛的长安城里，那里有一座房子，面向大海（京城那边虽然没有大海，但面向人海也行啊），春暖花开。想到这里，她用如葱般的手指，哦，不，用剥葱的手指在老白的额头上妖娆地点了一下：

"死鬼，别看你平时总是醉醺醺地不着调，东游西荡的。其实，你心里还是有我的嘛！那我问你，你当初喜欢上我的时候，你是喜欢我的温柔呢，还是喜欢我的漂亮呢？"

老白这时深深地打了一个酒嗝，对刘妇人道："我当初就是喜欢上你的幽默！"

那一天，老白的酒喝得有点过，话说得也有点多。

那一夜，星光洒遍了村舍院落，夜也显得有点长。

夜里，他的心早已飞到了京城，一门心思地只想早日到达。他便一袭白衣，斜挂宝剑，骑着高头大马连夜离开南陵。这时候，四乡八邻的村民都掌着灯来为他送行。一路上，他马不停蹄地飞奔，很快就到了京城。长

第一回　老白的欣喜若狂

安宽阔的街道上节日般地张灯结彩，皇帝亲自带着文武百官在大明宫丹凤门外迎接他的到来。老白远远望见了朝思暮想的皇帝，赶紧翻身下马，撩衣跪拜，大声高呼："布衣李白参见皇上，吾皇万岁万万岁！"但是，任凭他喊破嗓子，他都听不到自己发出的声音，皇帝和文武百官都看着他着急。他更着急，连忙用手去捏自己的喉咙。于是，就痛醒了，原来是一场梦！

醒来后，老白平生第一次地号啕大哭起来，像久旱后的那场甘霖。泪湿了枕头不要紧的。这几天，山村的艳阳高照！

刷屏朋友圈

老白昨夜做梦由于用力过度，再加上痛哭一场后耗费了许多力气，所以起床就比往常晚了很久，起床后也是一副慵懒颓废的样子。

这时，厨房里飘过来久违的香味，让他感觉到了家的温度。两个孩子欢快如鸟雀的叽叽喳喳声，也让他一下子振奋起来。老白在心里默想："有时候人的自我要求其实并不高，如果生活就这样一直美下去，那也是无限的好！"

老白填饱肚子后，就来了兴致和精神。他将皇帝的"录用通知书"和新作《南陵别儿童入京》一起发表了出来。

最近天下升平，国内外没有重大的新闻和热点事件。西北边陲的哥舒翰将军由于防守严密，所以西线宁静无战事。

而老白这回发表的新作，仿佛宁静的水面落下了一块巨石，顿时溅起了丈高的浪花！再加上孟浩然、丹丘生、魏颢等好友的转发，老白的朋友圈瞬间就爆棚了。

一时粉丝们发来关注的、点赞的、评论的以及带着羡慕嫉妒恨的各种表情的，真有点"无边落木萧萧下，不尽长江滚滚来"的阵势！

李白长安离职的秘密

老白斗酒诗百篇,很行!但是回复粉丝的速度,很不行!搞得他好一阵地手忙脚乱。

老白自小酷爱旅游,出蜀之前就游遍了巴山蜀水。25岁就只身出蜀:"仗剑去国,辞亲远游。""浮洞庭,历襄汉,上庐山,东至金陵、扬州,复折回湖北,以安陆为中心,又先后北游洛阳、龙门、嵩山、太原,东游齐鲁,登泰山,南游安徽、江苏、浙江等地。"据初步统计,他游历的地方达到了18个省、自治区、直辖市,总共到过206个州县,登过80多座山,游览过60多条江河川溪和20多个湖潭。所以,老白的驴友和粉丝不计其数。

山水田园诗人孟浩然是老白的驴友,他比老白大12岁。老孟也曾几次出游,时间较长的一次历经汴水、苏州、太湖、杭州,后从吴越回家。也正是在出游的路上,才结识了老白的(当然以前他还只是小白)。老白的《黄鹤楼送孟浩然之广陵》中,"故人西辞黄鹤楼,烟花三月下扬州,孤帆远影碧空尽,唯见长江天际流。"表达的就是对老孟即将远行的不舍和依依别情。

在众多粉丝中,魏颢堪称超级粉丝。魏颢原来叫魏万,曾在王屋山下做隐士,号为王屋山人。他自言平生自负,人们都觉得他狂,但此狂人对老白却是非常敬慕。按魏颢自己的说法,他就像司马相如敬慕蔺相如,像王子猷雪夜访戴安道那样倾慕老白。他认为老白平生行事的风格和为人与自己颇为暗合。

为了一睹偶像风采,魏颢千里追寻,打听到老白在哪里,他就追到哪里。从王屋山出发,一路追到浙江天台山。可惜每次都是他人刚到,就被告知老白已经走了。魏颢跋涉三千里,历经半年,终于在广陵,也就是在江苏扬州与老白相遇了,并激动地给老白奉上了他四十八韵的长诗。小魏如此虔诚,如此千里追随,让老白感动得哗哗的。于是,就与小魏结为了忘年交。老白认为小魏这么爱古好游、超凡出世,预言以后他必著大

第一回　老白的欣喜若狂

名于天下。他对小魏交代道:"你以后发达了,千万不要忘了老哥我,还有我的孩子明月奴呀。"事实是后来小魏果然考中了进士、当了官。当时老白还托付小魏把自己的诗文编成集子。当魏颢返回王屋山时,老白写了一百二十韵的长诗《送王屋山人魏万还王屋并序》以赠别,由此可见他俩的关系非同一般。

老白还有一位是道界的粉丝叫元丹丘,老白与他交往20多年,有什么知心话都会跟他说,他去元丹丘家做客时还写过一首著名的《将进酒》:"岑夫子,丹丘生,将进酒,杯莫停。五花马,千金裘,呼儿将出换美酒。"老白喝高了,差点要把元丹丘家的家什给当了换酒喝,关系都铁到了这份儿上!

老白用一个多时辰才基本回复完粉丝的留言,刚想伸展伸展酸疼的颈椎,发现又有几个新消息,这其中就有闻过其名却一直未见过其人的杜甫(少陵野老)、高适(塞外达夫)、汪伦(泾川桃花)。老白刚点了一下验证通过,那边就发起了对话。

少陵野老:白哥,兄弟仰慕久矣!您此番进京就将达到"会当凌绝顶,一览众山小"之人生境界了,兄弟真心祝福您啊!

青莲居士:阿杜兄弟,彼此彼此。我也早听过你的大名啊!最近在忙啥?

少陵野老:在学习,没办法,学而优则仕。哦,对了。白哥您哪天有空来我们商丘梁园玩吧,高适老哥也想来这呢,我们约好,三个一起玩呗!(两个抱拳的表情)

青莲居士:好呀,好呀!(两个愉快的表情)

…………

这时,高适发来一个抱拳的表情,老白赶紧回复。

青莲居士:高兄弟,听说你是在幽州张司令的幕府上班的,怎么样,干得还开心吗?(一个问候的微笑表情)

塞外达夫：唉，白哥别提了。在那儿上了一年多的班，我倒挺喜欢军队和塞外那种感觉的。后来家里出了点事，再加上也要备战高考，就没去了，现在到处闲逛呢。(两个欲哭的表情)

青莲居士：兄弟别纠结，你不是总劝别人"莫愁前路无知己，天涯谁人不识君"吗？刚才，阿杜老弟让我们去他那儿玩呢。

塞外达夫：那敢情好呀，到时咱们好好聊聊、吹吹大牛！(五个愉快的表情)

…………

泾川桃花：好不容易才联系上先生呀，不胜荣幸！(三个抱拳的表情)

泾川桃花：先生好游乎？此地有十里桃花。先生好饮乎？此地有万家酒店。(两朵红玫瑰)

青莲居士：啊，有这么美的地方？世间稀有，岂能错过！我会主动约你的，汪伦兄弟！(三个胜利手指的表情)

…………

还有许多发来求加好友的，老白一概不予理会。

一是他们大都用的是昵称。连自己的真实姓名都不标注，还想加别人好友？太没礼貌了吧！

二是自己再不是平民布衣了。不是说要摆谱，而是要对人脉圈有所取舍和筛选了。按照邓巴定律，一个人拥有社交的朋友数量不超过150个，关联深刻的也不超过20个，再多就照顾不过来了。所以，不能再做无用和无效的社交了。

老白心想，还是好好准备后天去京都长安的行程吧。想到他的双脚就要踏上那金碧辉煌的长安大街了，又是好一阵波涛汹涌般的悸动。内心的深处，就要盛开出数朵莲花来！

大漠公有诗赞曰：

第一回　老白的欣喜若狂

开元盛世无限好，骊山放飞比翼鸟；
天宝年号降祥瑞，送我青云上九霄。

那么，老白到长安后结果到底如何？为何命运又会如此地眷顾他一人，他到底有什么样的传奇故事和不凡身世呢？欲知详情，且听下回分解！

第二回

小白的诗和远方

唐朝科举，读书人要先参加本地的乡试，然后是省里的会试，最后是殿试，三次都通过了还要通过吏部的考核才能做基层的官。李白不屑于参加各类考试，他幻想着忽然间有一天君主就把他请去执掌国政，就像周文王对待姜子牙一样。这种不鸣则已、一鸣惊人的结果才是他梦寐以求的诗和远方。

42岁的李白如今已经成了老白。但，如果时光倒流10年或20年那他就是小白。小白在一出生时，就是一个有故事的人，因为历史上但凡一些著名的人物在出生的时候便与众不同，传说会有种种异象显现。

汉高祖刘邦，史载他出生时其母梦见与神人相遇，待临产的时候雷电交加、风雨大作，天地为之昏暗，有蛟龙自天外破窗而入，盘旋于产床之上，之后，刘邦降生。这样说来刘邦就不是刘太公的儿子，分明就是龙子嘛。可这个场面听着就挺吓人的，不知在现场的接生婆是否会害怕？

岳飞出生时，"有大禽若鹄，飞鸣室上，因以为名"，他出生的时候刚好有大鸟飞过，所以叫岳飞，字鹏举。

文天祥出生时他祖父就梦到：一儿乘紫云而下，已而复上行。于是，孩子生下后就取名天祥。

朱元璋是集异象的大成者，生前其母梦见神人授药，生时又有红光："母陈氏，方娠，梦神授药一丸，置掌中有光，吞之，寤，口余香气。及产，红光满室。自是夜数有光起，邻里望见，惊以为火，辄奔救，至则无有。比长，姿貌雄杰，奇骨贯顶。志意廓然，人莫能测。"这动静搞得也太大了吧，家里好几天都是满室红光，邻居还以为着火了呢，孩子朱重八他老爹这时也一定吓得够呛。

张居正出生前，其曾祖父做了一个梦：月亮落在水瓮里，然后一只白龟从水中浮起来，于是其曾祖父给他取了个乳名"白圭"，希望他来日能够光宗耀祖。

这些大人物的种种异象旨在为自己的"天命神授"和"不同凡响"添

第二回　小白的诗和远方

加一个具有神秘主义色彩的传奇故事，以佐证其天命或神授具有与生俱来的排他性和权威性。

历史从来都具有惊人的相似，小白原来也是一个"含着金钥匙出生"的不凡之人。

不凡的身世

李白之所以成为谪仙，大概缘于他的身世有几个不凡之处：

一、家里辈分高

李白自称他的祖籍是陇西成纪（现在甘肃天水），跟李唐皇室是同一个出身。根据唐人范传正的说法，他还是西凉武昭王李暠的九世孙呢。如果是这样的话，那他就跟唐高宗李治同辈，唐明皇见了他得叫叔爷爷。怪不得李白后来真的见到了唐明皇，心里就有点端着当爷爷的架子。

唐人都喜欢称"郡望"，也就是本姓中哪个地方出的大官多就把这里当成本姓的籍贯，比如说，"文起八代之衰"的韩文公本来是河南孟县人，因为昌黎是韩氏的"郡望"，所以他就成"韩昌黎"了。陇西李氏本来就是北朝的五大姓之一，唐代皇帝也出自这里。所以，天下李姓都把陇西当作自己的郡望就不奇怪了，李白自然也就把自己当成陇西人了。

二、出生地遥远

他的出生地，在中亚的碎叶城，就是今天吉尔吉斯斯坦的托克马克省。这地方在那时属大唐的地界，归安西都护府管辖。但这碎叶城，离大唐的核心区长安也是够远的。碎叶城那时是丝绸之路的要冲，李白的老爸因做生意而成了富商巨贾。在李白5岁的时候，其父携家带口地从西域迁居到四川绵阳江油县青莲乡，所以李白给自己取的号便是"青莲居士"。

李白的老爸迁到绵阳一带继续做生意，因为是外地人，对外就干脆以"李客"自称。李家经济条件好，所以小白从小就接受了很好的教育，而且他老爸也很开明，什么都让他学，这就是大唐改革开放带来的气象和包容。按李白自己的说法，他"五岁诵六甲，十岁观百家""十五观奇书，作赋凌相如"。也就是诸子百家、道家、纵横术乃至奇门遁甲的什么东西都学，完全是一种"素质教育"的模式。

三、出生时神奇

开始的时候我们就说很多大人物在出生时一般都会天降异象，先是告诉孩子的母亲这绝不是肉身凡胎，你得好好照看、精心喂养。然后告诉孩子的父亲在心情不好的时候千万不能打孩子。

大足元年（公元701年）的一天，有一个孩子就要出生了。孩子出生的那天晚上，母亲梦见有天上的长庚星入怀中："白之生，母梦长庚星，因以命之。"长庚星又叫启明星，每天傍晚太阳落山，天快黑的时候，西南方就会出现一颗很亮的星，出现得最早，而且很亮，这就是金星。金星比太阳落得晚，所以叫长庚星；而有时候又因为它出来的比太阳早，所以又叫启明星。金星在中国古代被称为"太白金星"。

孩子的母亲梦见有天上的长庚星入怀中，这就有点类似于民间传说中的太白金星投胎转世了。所以，这生下来的孩子名字叫李白，字"太白"。如此看来，李白被称为谪仙，好象有正儿八经出处的。

四、长相不凡

李白说自己"天为容，道为貌"。他的粉丝魏颢曾经描述过李白的长相，说李白"眸子炯然，哆如饿虎"。意思就是说他的目光如电、炯炯有神，嘴张开就跟老虎似的。"虽长不满七尺，而心雄万夫。"个子虽然不

第二回　小白的诗和远方

高，只有一米七左右，但是有仙风道骨和胸怀天下的气势。这气势绝对让即使身高两米的小混混都会情不自禁地要将自己的膝盖去凑近搓衣板，谁看到了那张老虎似的血盆大口不打哆嗦呢？

所以，李白的身世本身就是一个传奇，就是一种迷幻，更不用说后面发生在他身上的那些传奇故事了。

任侠少年的故事

有一个故事是关于小白上学的事，世传："李白读书山中，未成，弃去。过小溪，逢老媪，方磨铁杵，问之，曰：'欲作针。'太白感其意，还卒业。"

传说少年小白在眉州象耳山下求学的时候，因长期读书没有成果，打算放弃了。有天他渡过了小溪，看见河边有一位老婆婆正在石头上磨一根很粗的铁棍。小白好奇地问："老婆婆，您磨铁棍做什么呀？"

老婆婆说："我要把它磨成用来绣花的针。"

小白吃惊地说："哦，天哪！这么粗的铁棍还能磨成绣花针呀，是不是又要子子孙孙无穷尽也？"

老婆婆笑呵呵地说道："哈哈哈，小朋友你倒蛮可爱的嘛！但你有所不知呀，家中只有我手里的这一根铁棍。这还是我当年风华正茂之时就有的，原打算作为厨房做饭之需的烧火棍呢。现在我想将它打磨成绣花针，小朋友你可不要笑话我呀。因为，我并不担心自己会空耗岁月，也没有什么到头来白忙一场的无聊杂念。只要我还活着一天，就会坚持不懈一天，只要每天都比昨天更细那么一点点就好咯。我想呀，只要功夫深，何愁铁杵不能磨成绣花针呢？"

小白听后很有感触，想到自身的缺陷其实是可以用持之以恒的刻苦来弥补的。如此一把年纪的老婆婆都能有信心去做看起来希望渺茫的事情，我怎么可以因一时的挫折就半途而废，放弃所追求的理想呢？于是，他从此再不逃课，认认真真地回到课堂发愤读书了。所以，小白才能有"五岁诵六甲，十岁观百家""十五观奇书，作赋凌相如"的造诣。

小白小小年纪就善于观察和总结，懂得理论和实践相结合。"铁杵成针"这个成语告诉我们，前途光明的学业或事业，即便有天赋的人去学习、去做事，也是难以一帆风顺的。但只要有毅力，肯下苦功，保持平和的心态坚持学下去、做下去，最后就一定能取得成功。

小白不仅文化课上得好，体育课学得也很优秀！"自幼好任侠，有四方之志，年十五而修剑术，二十而怀纵横之策，欲遍干诸侯。"他从小就以侠客自居，游历四方，从15岁就开始练剑，20岁就称霸江湖。文武全才呀！

小白15岁时除了练剑术还跑到大匡山，向一位叫赵蕤的隐士学习纵横术。所谓纵横术，就是凭着三寸不烂之舌来游说君主接受自己合纵或者连横的主张。合纵是几个国家联合起来共同对付一个强国，以战国末期的苏秦和当时的东方六国为代表。连横是一个强国与敌对集团的一个或几个结成一个或多个联盟，达到瓦解对方、各个击破的目的，以张仪和强大的秦国为代表。

纵横专业的创始人是战国时期的鬼谷子，苏秦就是因为"锥刺股"地系统学习了他的纵横术，后来才成了齐、楚、燕、赵、魏、韩这六国的宰相。他身上佩戴着六个国家的相印，走起路来像美人身上华贵的饰品叮叮当当地作响，好不儒雅，好不神气呀！想必，小白当宰相的梦想就是他15岁时在赵蕤老师的课堂上萌生的。

魏颢说他"少任侠，手刃数人"。他自己也吹牛说大话："十步杀一人，千里不留行。"有学者考证说，唐代蜀中法纪再怎么松弛，"手刃数人"后居然还没有被官府逮起来法办，除非你是外星人吧？甚至于百万军中取上将项上人头都如探囊取物般那样简单方便，能手到擒来。所以，"十步杀一人，千里不留行"估计是小白那时任侠的荷尔蒙分泌太多的缘

第二回　小白的诗和远方

故，只不过是他一种快意恩仇地把自己当成无敌大侠的臆想而已。

20岁那年，小白就有了将自己推销出去的想法。当时的文人大咖苏颋在朝为官，李白就主动拜访这位老前辈，并将自己原创的作品让他审阅。苏大人果然慧眼识人才，他夸奖道："虽说小白目前还没有完全成才，但假以时日，肯定可以跟他的四川老乡司马相如相颉颃。"

25岁这一年，李白已经将巴蜀一带所有可考察的景点都考察完了。四川盆地太小太浅，容不下他这条真龙。虽然他属牛，但总想腾云驾雾。于是，开元十三年春天，他在腰间挂上一柄宝剑，就潇洒地东出夔门，去追求他的诗和远方了。

离开家乡后的外出漫游，他一路上结识了很多朋友。小白的父亲叫李客，是唐朝有名的成功商人。商人的社会地位不是很高可经济条件优越，这给李白在漫游过程中结交朋友提供了丰厚的物质基础。李白在《上安州裴长史书》中提到自己："东游维扬，不逾一年，散金三十余万，有落魄公子，悉皆济之。"

漫游的旅途中，他不仅给朋友物质上的帮助，而且他还非常重情重义。他有一个朋友叫吴指南，不幸得病死于洞庭湖之上，李白伏在尸体上痛哭，泪尽而泣之以血。有只猛虎试图前来偷袭，他都勇敢地护卫，坚守不动。当时李白未能把朋友归葬，过了数年，李白再次来到洞庭湖，将朋友尸骨洗削干净，背在身上，负重前行。最后，在鄂城之东重新选了一块墓地把友人的尸骨葬在了那里。

这也充分显现了李白仗义疏财，重信守诺的任侠性格。

这个时候的小白，小荷才露尖尖角，对自己非常有信心。他的信心来自这个时期的大唐，经济繁荣，格局广阔，人人都想建功立业实现人生的理想与抱负。

这个时候的小白，任侠豪气、意纵天高，对未来抱有无限的美好期待。对他而言，人生就像刚刚升起的朝阳，虽然不至于烈日当空，但也是光芒万丈，蕴含着无数的希望和可能。

这个时候的小白，把自己当成了一只"水击三千里，抟扶摇而上者九万里"的大鹏鸟，他在等待机会高飞，直冲云霄。

当 CEO 的梦想

美国民权运动领袖马丁·路德·金最有名的话就是："I have a dream."其实，我们每个人心灵的隐秘深处都有一个或大或小的梦想。

唐时的诗人们也有梦想，但他们的梦想不仅仅是写几首足以让自己在江湖上扬名立万的好诗。他们更大的梦想是"朝为田舍郎，暮登天子堂"，是出将入相。"学成文武艺，货与帝王家"是那时的文士们给自己职业生涯最美好而又普遍性的规划。被皇帝御用对于中国古代的文人士大夫来说，是他们至高的价值理想，从而能在最高层面上建功立业，实现"治国平天下"的伟大抱负。

那时，真正像东晋的陶渊明 40 多岁就"不为五斗米折腰"而不想做官，一心只想着待在乡下种菜拾柴、锄禾日当午，一心只想着"从明天起，我要做一个幸福的人，喂马，劈柴，周游世界"，完全没有利禄之心的真隐士不多。

一般的隐士大都是那些屡试不第的失意文人，在看破了所谓的滚滚红尘后，而自主择业改行去当了田园诗人。即便如此，在诗的犄角旮旯仍然对得到"君上"的垂青念念不忘，并一直心存着期待和幻想。因为，这毕竟是一个政治清明、国力向上的大变革、大发展的开元盛世，每一个有理想、有抱负、有追求、有才华的青年都会投入和会聚到这场大发展的洪流中来。

那时，"在朝能为百官首，在边能安九姓胡"是新型盛唐文人追求的目标和理想。文人，从此不再是南朝高门那样峨冠博带、扪虱而谈的形象，而是具有了文武兼备的气质，出将入相也就成了当世文人的梦想。大

第二回　小白的诗和远方

唐诗人追求的是十项全能，文能经国、武能安邦，方不枉此一生。除了风发昂扬的大唐诗人，谁敢做这样的梦？这其中除了15岁就得到老师立宰辅之志启蒙的李白，谁敢做这样的梦？

李白出川之时，正值他血气方刚的25岁。依照他的自述，出川漫游之意图，是为了完成远大志向。他在《上安州裴长史书》中曾写道："以为士生则桑弧蓬矢，射乎四方，故知大丈夫必有四方之志。乃仗剑去国，辞亲远游，南穷苍梧，东涉溟海。"

李白也常以不世之才自居，他的理想就是要当辅佐明君的宰相。按照他原先设计的跟唐明皇的对白，意思就是："老大呀，你就一门心思地做您的董事长，其他的事就不用您来操心啦！我保证全力以赴地给您当好这个CEO。"

科考的烦恼

想平白无故地当上公司的CEO是不可能的。于是，有人就问李白："小白呀，现在找工作挺难的，你起码得有正经的学历吧？"

李白却毫不在乎地回答道："这个呀，还真没有！因为我压根儿就没有参加科举考试的打算和想法。"

其实，李白说他没有一点参加科举考试的打算和想法这话可能有待商榷，但说他最终没能参加科举考试这事儿倒是真的。原因有两个：

第一是客观原因，他不具备科举考试的资格。

科举制度始于隋朝，规范于唐朝。在李白活跃的盛唐时期，科举制度正在蓬勃发展中。很多寒门学子都是通过这个考试实现了鲤鱼跳龙门，一群"凤凰男"由此脱颖而出。李白虽然是一个才华横溢的诗坛奇才，但他靠写诗还是养不活自己。所以，李白作为一个胸怀天下的有志青年，他是一心一意地要奔仕途而去的。而科举又是通往仕途最好的敲门砖，因此，能参加科举考试对他而言也是一个不错的选择。

但是，李白却没有参加科举考试的资格。李白的好友范伦之子范传正在所作《唐左拾遗翰林学士李公新墓碑文》中说："公名白，字太白，其先陇西成纪人，绝嗣之家，难求谱牒。"虽然说李白是李唐的后人，拥有显赫的身世，但李白的籍贯不能确定，又无牒谱资料可查。他家迁居绵阳既不能冒籍又不能附籍，于是就成了我们现代人说的"黑户"。

大唐政府颁布的《禁客许附贯敕》里有明确规定："诸州贡举，皆于本贯籍分明者，然后依列，不得于所附贯便求申送。如有此色（这类问题），所由州县，即便催科，不得递相容许。"贯籍分明的考生才能具备由地方逐级上报的资格！而当时的政策是无论参加科举考试还是从军，都需要明确的户籍。所以这就断了李白参加科举考试或者从军的道路。

第二是主观原因，他参加科举考试的意愿度确实不高。

在唐朝，一般人求仕必须通过科举考试。但李白有不羁的天性，他求仕的方法和尊奉儒家之道的士人不同。其实儒家万世师表的孔子也求仕，当初孔子是怎样求仕的？他的弟子说："夫子温、良、恭、俭、让以得之。夫子之求之也，其诸异乎人之求之欤？"

孔夫子在求仕和"货与帝王家"之前是先得到帝王将相和上层建筑的尊奉与推崇，是因为他修炼有温厚、善良、恭敬、节俭、谦让的品德。当大家慢慢认识了他这些美好品德的时候，也就开始承认他、敬仰他、膜拜他，就推荐他出来做官了，这是孔子的方法。

如果让李白也走"温良恭俭让"的路呢？也走十几年或几十年的科举之路？让大家几十年之后才承认他？他才不想这么按部就班！一般读书人的那种把自己关在书房里"十年寒窗苦"，然后再去考进士，一年考不上就等三年再考，这种靠时间往复循环的仕途模式显然是太麻烦了，而他选择的是"一朝成名天下闻"的快捷模式！

所以，李白觉得自己不能走科举考试的老路，读书人要先参加本地的

第二回　小白的诗和远方

乡试，然后还有省里的会试，最后还有殿试，还有吏部的面试，这些都通过了才能做官。他不屑于这样做，他认为，以他的天才，根本就不需要去考进士。因为他觉得走常规的仕途爬坡之路太漫长了。他这么有才，一定可以走不同寻常的路。他幻想忽然间有一天君主就把他请去执掌国政，就像周文王对待姜子牙那样。这样不就可以做到一鸣惊人了吗？

除了这两个主要的原因外，还有一个原因也决定了李白无法参加科考，因为他老爸李客的身份是商人。那时的商人在大唐政府看来，你们商人只是考虑个人的蝇头小利而已。社会阶层的序列中，商人的排名放到最后，叫作士农工商。你们商人家的孩子在科举这高大上的事情上就不要来凑热闹了，哪边凉快就到哪边待着去吧！

既然不能参加科考，自己又不太愿意科考，而他又汲汲于功名富贵，那怎么办呢？那就只剩下"朝廷举荐入仕，即州郡太守（刺史）举荐山林隐逸奇才，选送为王朝效力"这唯一的途径了。只有走干谒，走投献求官的这条道路才能经营自己的名望与影响力，才能"以达天听"了！

于是，他毅然决然地辞亲远游，离开四川，一路向东。

从此，就有了李白征战江湖的传说，就有了李白干谒求荐的故事。有人统计，李白留存于世的1000多首诗中，有500首以上是求献达官贵人的"干谒"之作。李白的四海云游，也不是寄情山水这么简单，更多是为了拓展人脉、搞好关系，从而赚名声、求推荐、谋仕途，以实现他伟大的人生志向。

大漠公感叹曰：

> 立志欲出大巴山，辞亲远游蜀道难。
> 愿得明君为辅弼，大鹏乘风安黎元。

那么小白能否如他所愿，一举成名地实现他的人生理想呢？能否按照他所设想的那样弯道超车，继而一鸣惊人呢？欲知详情，且听下回分解！

第三回

美白的大千世界

眼前有景道不得，崔颢题诗在上头。蕴含两层意思：一是指崔颢的诗让他已无法超越；二是指山外有山，人外有人，学无止境。他至此也明白了一个道理：旅行最大的好处，不是能见到多少人，见过多美的风景，而是走着走着在一个际遇下，突然重新认识了自己！

25岁那年的小白给自己最后选定了通过朝廷举荐入仕的途径来实现人生的目标后，就下定决心离开蜀地去远游，通过远游来结识当地的高官、豪族和名仕等并寄希望他们的举荐上达朝廷，得到明君的青睐。就像一个公司要上市，必须走路演的流程，以求得更多的投资人和股民的信任。

临走前，他从内心迸发出一声呐喊：世界，我来了！

世界这么大，我想去转转

"古往今来曰世，上下四方曰界。"世界是全部时间与空间的总称，也是人性中所形成的一种格式：人类对世界的认知，是自己对所在宇宙的诠释。人类以世界作为某种格式，把宇宙划分成了不同的区域和范围，如：植物世界、动物世界、虚幻世界和现实世界等。

而李白此时的世界就是指离开了他熟悉的蜀地世界，来到了一个陌生的外面世界，最终走向他心中一直向往和期盼的那个富丽堂皇的美白世界。

开元十三年（公元725年），李白正式出蜀，他乘舟沿江出峡。渐行渐远中，家乡的山峦逐渐隐没不可辨认了，只有从三峡流出的水仍跟随着他，推送着他的行舟，要把他送到一个陌生而又遥远的城市中去。

让李白料想不到的是在江陵会有一次不平凡的遇见，他居然见到了受三代皇帝崇敬的道士司马承祯。天台道士司马承祯不仅学得一整套的道家法术，而且写得一手好篆，诗也飘逸如仙。唐明皇对他非常尊敬，曾

第三回 美白的大千世界

将他召至内殿,请教经法,还为他造了阳台观,并派胞妹玉真公主随他学道。

李白能见到这个备受皇帝恩宠的道士,自然十分开心,就送上了自己的诗文请其赐教。李白气宇轩昂,资质不凡,司马承祯一见便十分欣赏。及至看了他的诗文,更是惊叹不已,称赞其"有仙风道骨,可与神游八极之表"。因为他看到李白不仅仪表气度非凡,而且才情文章也超人一等,这是他几十年来在朝在野都没有遇见过的人才,所以他用道家最高的褒奖话语给李白点赞。

这也就是说他有"仙根",即有先天成仙的基因,这和后来贺知章赞美他是"谪仙人"的意思差不多,都把他看作非凡之人。这便是李白的风度和诗文的风格给人留下的初始印象。

心理学家认为,由于第一印象主要是由性别、年龄、衣着、姿势、面部表情等外部特征组成。一般情况下,一个人的体态、姿势、谈吐、衣着打扮等都能在一定程度上反映出这个人的内在素养和其他个性特征。不管暴发户怎么刻意修饰自己,举手投足之间都不可能有世家子弟的优雅,总会在不经意中露出马脚,因为文化的浸染是装不出来的。很显然,李白的仪表气度给"鉴宝专家"司马大师留下了极好的第一印象,所以,才给出了"此等宝贝,你值得拥有"的评价。可见,一个人的颜值、仪表和气质是多么重要!

李白为自己能得到"鉴宝专家"如此高的评价而欢欣鼓舞,他更有信心和决心去追求"神游八极之表"这样一个永生的不朽世界了。兴奋之余,他写成了大赋《大鹏遇希有鸟赋》。他以大鹏自喻,夸写大鹏的庞大迅猛,这是他最早名扬天下的文章。从这时的江陵起,他就铆足了劲想开启他鹏程万里的飞翔。

于是,李白开始了广交朋友的旅程,他成了那个时代的职业驴友。他出蜀后的第一次远游就兴之所至:"浮洞庭,历襄汉,上庐山,东至金陵、扬州，复折回湖北，以安陆为中心，又先后北游洛阳、龙门、嵩山、太原、东游齐鲁，登泰山，南游安徽、江苏、浙江等地，游踪所及，几半中国。"

有人问他，游了这么多的地方，你一定烧了不少钱吧？小白顾左右而言他地回答道："喔，旅行当然是要花很多钱的喽，但不管是行万里路也好，读万卷书也罢，人生在世不就是为了'高兴'这俩字嘛！"

可是，有一次小白去游了一个地方后就有点不高兴了。那天，天高云淡，小白就约几个朋友一起来到了武昌。朋友跟他说，不到长城非好汉，来武昌不登黄鹤楼，人生那就太遗憾。因为黄鹤楼濒临万里长江，雄踞蛇山之巅，挺拔独秀，辉煌瑰丽，享有"天下江山第一楼""天下绝景"之美称。小白也是仰慕其名已久，于是就兴致勃勃地与朋友喝足了酒、鼓足了诗兴一起登上了黄鹤楼，并准备在他们面前好好露一手。

当他酝酿好了情绪，正准备拿起笔来写的时候，猛然抬头看到墙壁上已经题有一首诗了。

那么，到底是谁在这墙上写的诗呢？这诗是年龄与李白相仿、20岁就考中了进士的大才子崔颢写的。写的是一首七言律诗，诗名就叫《黄鹤楼》：

> 昔人已乘黄鹤去，此地空余黄鹤楼。
> 黄鹤一去不复返，白云千载空悠悠。
> 晴川历历汉阳树，芳草萋萋鹦鹉洲。
> 日暮乡关何处是？烟波江上使人愁。

小白读罢，惊出一身冷汗，酒精顿时也挥发了十之八九。他踌躇了很久，举着笔的手在空中停滞了很久，最后只好颓然放下。自视甚高的小白郁闷地长叹道："眼前有景道不得，崔颢题诗在上头！"

李白感叹的"眼前有景道不得，崔颢题诗在上头"，蕴含两层意思：

第三回　美白的大千世界

一是指崔颢的诗让他无法超越；二是指山外有山，人外有人，学无止境。心想，在这么一首大气磅礴的律诗面前，我还是别凑这个热闹了！

李白至此也明白了一个道理：旅行最大的好处，不是能见到多少人，见过多美的风景，而是走着走着在一个际遇下，突然重新认识了自己！

认识别人、看清别人似乎很容易，但要做到真正认识自己、否定自己却很难。而在向左或向右的旅途中，却能在某一个拐弯的地方与另一个自己相遇相识，并重新找回曾经丢失的自己。这大概就是先贤达人之所以提倡读万卷书、行万里路的道理吧！

因此，小白就更加喜欢将自己融入远游的队伍里去了。在他远游过的地方里，最喜欢去的是剡中，他在发朋友圈时，总想表露一下此刻的心迹："此行不为鲈鱼脍，自爱名山入剡中""湖月照我影，送我至剡溪""龙楼凤阙不肯住，飞腾直欲天台去"。李白的粉丝阿杜看了后除了极力为他点赞外，也不忘附上一句评语："剡溪蕴秀异，欲罢不能忘！"

剡中位于浙江省东部的会稽山、四明山、天台山三山合抱之处。这里是晋唐最热闹的繁盛旅游佳地，是文人雅士的乐园。不用说在旅游黄金周的摩肩接踵，就是平时游人也是络绎不绝啊！因为晋代名仕在这里高蹈，唐代诗人在这里低吟。六朝志怪小说中那两个在剡中山水之间迷了路，并遇到仙女美眉的东汉人刘晨和阮肇的"刘阮遇仙"的白日梦原型就发生在这里。《世说新语》里那个代表古典趣味和魏晋名仕风度的王子猷"雪夜访戴"的典故也发生在这里。东晋王、谢两个名门大族也都曾定居在这里，《全唐诗》收录的18位著名大诗人都游历过这里。所以，剡中堪称是物华天宝、人杰地灵的好去处。

李白一生曾四入浙江，三入剡中。他独爱剡中的原因大概有三个：一是这里的风景美不胜收；二是这里的人文故事多多；三是这里的景点不用买门票。

当然，旅游途中不全是美不胜收的风景，也会有意外事件的发生。在去剡中路过洞庭时，就发生了我们前面提到的李白的驴友吴指南暴病身亡的事情。李白是个侠义之人，为亡友哭得昏天黑地，大热天都守在朋友的尸体旁不愿走。有一头老虎饿急了想将小吴当汉堡来大快朵颐一顿，估计是李氏独门秘籍"虎见愁"的剑术派上了用场，老虎居然被他赶跑了。李白把小吴暂时安厝在洞庭湖边，直到很多年以后才取出他的骨殖，在洞庭湖水中洗净，然后背在肩上徒步数百里，最后在鄂城找到一块风水宝地后终于让小吴入土为安了。

有学者根据李白给小吴做二次骨葬的仪式来推测他可能是个突厥人，甚至还有人考证出李白"眸子炯然，哆如饿虎"的面相更接近突厥而不是汉人。

事实上，不只是李白喜欢当驴友。那时有很多诗人都当过驴友，其中又以盛唐时期的诗人最为显著。大概是盛唐时期经济发展的水平高，诗人既有钱也有闲，更有闲情逸致。所以，诗人旅游时间长，游程远，报团的人数多。

那位著名的山水田园诗人孟浩然就有好几次说走就走的旅行，而且旅游时间大都是一年半载的。那些只要能陶冶自己性情的山水风景，他一股脑儿地全部拿下。然后，将自己优哉游哉的心情和路上写的诗稿一起打包回家！老孟说，生活除了诗和远方，就没工夫去想那些恶心的苟且。

另一位与老孟合称"王孟"的山水田园诗人王维也没闲着，他奉帝命离开长安以监察御史的身份到凉州劳军，耗时几月。其间，他做到了出差、旅游两不误。《使至塞上》："大漠孤烟直，长河落日圆。"就是他赴边疆慰问将士途中所作纪行诗中的名句，记述出使塞上的旅程以及旅程中所见的塞外风光。

第三回　美白的大千世界

边塞诗人高适南游荆襄，远赴蓟北，后又漫游梁、宋。后人形容小高："少孤贫，爱交游，有游侠之风。"当时小高也很不得志，到处浪游，常处于贫贱的境遇之中。有一次，他在睢阳旅游的途中，与好友即著名的琴师董庭兰久别重逢。他人虽沦落，但却以开朗的胸襟、豪迈的语调把临别赠言说得如此激昂慷慨，如此鼓舞人心："莫愁前路无知己，天下谁人不识君？"

这既是对朋友的宽慰，也是对自己最好的激励。董哥，你这次远行，不要担心会遇不到人生知己，天下没有人会不赏识你的，至少还有兄弟我懂你嘛！话说得多么响亮，多么有力，于慰藉中充满着信心和力量，能激励朋友抖擞精神去奋斗、去拼搏，是满格的正能量！

当然，还有一位铁杆驴友不得不提，那就是后来与李白齐名的杜甫。他俩一位是诗仙，一位是诗圣，像两颗双子星在大唐诗坛的天空横贯东西，闪耀千年。阿杜不愧年轻呀，身体棒棒，精力旺旺，漫游起来比老孟还要猛很多，简直是漫无边际。阿杜从19岁开始就到处游历，除了中途被祖父拎着耳朵揪回老家洛阳参加了一次科考。考完后，他在金榜上翻来覆去没找到自己的名字，反倒如释重负地又一头南下去游历了，也不报个补习班复读准备下次考试。唉，阿杜呀，你这么任性，将来肯定会后悔的。少壮不努力，老大徒伤悲哟！

他这一去就是三年，然后在山东、河北又漂了五年，说是为了拜祭孔孟。他这样悠悠荡荡的，前后漫游了十年以上。直到天宝三年初夏，诗仙和诗圣终于在洛阳相遇，他们俩在开封又遇到了高适，自然就结成了三人"铿锵旅行团"。

世界这么大，我要去转转；转转有好处，胜读万卷书。读书和旅行是相辅相成、相得益彰的。通过到各地的走走停停，小白不仅结交了许多良师益友，还有了"纸上得来终觉浅，绝知此事要躬行"的深刻领悟。

李白长安离职的秘密

驴友万岁

朋友分很多种,有些人是一辈子的朋友,有些人是一被子的朋友,还有些人只不过是一杯子的朋友。李白总是努力在找寻能做自己一辈子的朋友。

唐玄宗开元十五年(公元727年),李白出蜀后,游江陵、潇湘、庐山、金陵、扬州、姑苏等地,然后回头又到了江夏。他专程去襄阳鹿门山拜访隐居的孟浩然。老孟年长他12岁,也许同样是属牛的关系吧,他一见到老孟就感到特别亲切,是那种一见如故、相见恨晚的感觉哦。

小白眼里的老孟,具有"骨貌淑清,风神散朗"异于凡品的气质,是那种高高瘦瘦的,骑在蹇驴上且行且吟、白袂飘举,极具仙风道骨的样子,简直是帅呆了!但其帅气又是非常儒雅、内敛的,兼具文人气息和任侠之质,是一种从容、舒缓的男人味道!

小白对老孟很仰慕,老孟对小白也很欣赏,两人很快成了无话不谈的朋友。当时小白对自己入赘的婚姻还有点犹豫,因为那时男人入赘女家,在社会上被人看不起。小白向老孟吐露了心中的顾虑,最后还是老孟帮助他拿定了主意。

开元十八年(公元730年)三月,李白得知老孟要去广陵,便托人带信,约老孟在江夏游历了一个多月。几天后,老孟乘船东下,李白亲自送到江边。送别时写下了这首《黄鹤楼送孟浩然之广陵》:

故人西辞黄鹤楼,烟花三月下扬州。

孤帆远影碧空尽,唯见长江天际流。

这首送别诗有它特殊的感情色调,它不同于王勃《送杜少府之任蜀川》那种少年刚肠的离别,也不同于王维《渭城曲》那种深情体贴的离

第三回　美白的大千世界

别。这首诗，表现的是一种充满诗意的离别。之所以如此，是因为这是两位风流潇洒诗人的离别，还因为这次离别跟一个繁华的时代、繁华的季节、繁华的地区相联系，在愉快的分手中还带着小白的向往，这就使得这次离别有着无比的诗意。

李白与老孟的交往，是在他刚出四川不久，正当年轻快意的时候。他眼里的世界，是一个美白的世界，还几乎像黄金一般美好。那时的老孟，已经诗名满天下了。老孟给李白的印象是陶醉在山水之间，自由而愉快。

这次离别正是开元盛世，太平而又繁荣，季节是烟花三月，是春意最浓的时候。从黄鹤楼顺着长江而下，这一路都是繁花似锦。李白是那样一个浪漫、爱好游览的人，所以这次离别完全是在很浓郁的畅想曲和抒情诗的气氛里进行的。李白心里没有什么忧伤和不愉快，反而认为老孟这趟旅行惬意得很。他留恋繁华旖旎的扬州，他仰望和崇敬老孟，所以一边送别，一边心也就跟着飞翔，胸中有无穷的诗意随着江水荡漾。在一片美景之中送别友人，真是别有一番滋味在心头。美景令人悦目，送别令人伤怀。所以，这首诗以景见情，含蓄深厚，有如弦外之音，达到了使人神往、遐想的效果。

小白除了仰慕老孟的气质，还特别钦敬老孟的风流。

老孟的风流，是从做人讲真性情开始的。别以为老孟是个山水田园诗人，就觉得他不食人间烟火。老孟年轻的时候还是挺想做官的，于是他写诗，并且主动写要官做的诗。28岁的时候，老孟（那时还是小孟）前去拜谒前丞相、当时为岳州刺史的张说，希望能为他开后门。小孟当时就献了一首干谒诗，目的是想得到张丞相的赏识和录用，只是为了保持一点文人的面子，才写得那样委婉，极力泯灭那干谒的痕迹。这首干谒诗的名字叫《临洞庭湖赠张丞相》：

李白长安离职的秘密

八月湖水平，涵虚混太清。

气蒸云梦泽，波撼岳阳城。

欲济无舟楫，端居耻圣明。

坐观垂钓者，徒有羡鱼情。

小孟说，八月的洞庭湖，水势浩渺无边，水天迷蒙。云梦二泽的水汽蒸腾得白白茫茫，那波涛汹涌的气势似乎要把岳阳城撼动了。我想渡河却苦于找不到船与桨，我想当官却苦于没有人提携。在这样一个圣明的时代，年纪轻轻的还闲居在家没有工作，还真有点难为情的啊。我眼馋地看着别人都有位置在那临河垂钓，白白地羡慕他们满载而归，心里酸酸的。

老孟以托物言志的比兴手法暗示老张，面对浩浩的湖水，想到自己还是在野之身，要找出路却没有人接引，正如想渡过湖去却没有船只一样。说明自己虽然是个隐士，可是并非本愿，出仕求官还是心甚向往的，老张您就帮我一个忙呗！

话都说到这个份儿上了，并且我可是大老远地专程来拜访你的啊，只是我记性有点不太好忘了带家乡的土特产而已。

有一对男女情侣逛大街，已经饥肠辘辘了，当走过一家饭店门口时，女孩感叹道：啊，味道好香哟！男孩善解人意地问道，要不咱们走回去让你再闻一次？结果，女孩很生气，将男孩一脚踹了。

人类一思考，上帝就要发笑；老张一装傻，小孟的好事就打了水漂！

小孟呀，也不知道你是否明白"功夫在诗外"的道理，想走后门当官，为推销自己而写一些自荐式的干谒诗是必要的，但也不能纯粹地"干"谒啊！

老孟的风流还表现在能喝酒上。老孟说，喝酒这种雅事美在过程，尤其"醉月频中圣"可是大有讲究的：喝酒得在月下喝，实在没有月亮，点

第三回　美白的大千世界

着烛光也还将就,这样喝酒才够温馨才够浪漫才够诗意,才能喝到"中圣"的最佳状态。啥叫"中圣"?当年"曹操集团公司"里最能喝酒的徐邈把清酒叫圣人、把浊酒叫贤人。这"中圣"嘛,就是指喝清酒喝到那晕晕乎乎的七八分醉的程度,才算喝到位了。

老孟的诗里写了很多喝酒的乐趣,《洗然弟竹亭》曰:"达是酒中趣,琴上偶然音。"《过故人庄》曰:"开轩面场圃,把酒话桑麻"。《裴司士见访》曰:"谁道山公醉,犹能骑马回。"

老孟认为,男人不喝酒,白在世上走。不喝酒的人,那都是些俗人,怎么能称得上"风流"呢?你没看,那魏晋的阮籍居丧都要喝,喝到吐血数斗都不罢休,终于喝成了一代风流的名士。

不过喝酒也会误事,有一次,襄州刺史兼山南东道采访使韩朝宗大人跟老孟约好了,准备带他进京去跑跑关系。李白也一直想托韩大人的关系进京做官,结果人家韩大人硬是不给他面子。可是这样一位李白都拼命巴结的封疆大吏,老孟却敢放他的鸽子。

约好出发的那天,老孟正跟一帮朋友喝得酒酣耳热呢,一酒友提醒他:"孟哥,你好像跟韩大人有个约会吧?"老孟听完酒友的提醒从眼里扔给他一个卫生球,酒壮怂人胆地说道:"管他劳什子韩大人刘大人呢,没看我喝得正嗨吗?"然后,韩大人就只好气咻咻地独自上路了。再然后,老孟当官的事又泡汤了。约会需谨慎,喝酒有风险。老孟你咋忘了呢!

生命中有许多你不喜欢做,却不得不做的事,这就是责任;生命中你有许多喜欢做,却不能让你轻易做到的事,这就是命运。老孟感叹道,人生就是场比赛,可我连上场的资格都没有!

后来,老孟也就渐渐冷了当官的心,只好自言淡泊名利地向田园山水走去。他也自认没有仕途的这个命,于是,他便更加俊逸放旷和意纵天高了。

李白长安离职的秘密

开元二十七年（公元739年），李白过襄阳又去拜见老孟，不巧老孟已外游。李白不无遗憾地写了一首诗，表达敬仰和遗憾之情，诗名就叫《赠孟浩然》：

> 吾爱孟夫子，风流天下闻。
> 红颜弃轩冕，白首卧松云。
> 醉月频中圣，迷花不事君。
> 高山安可仰，徒此揖清芬。

全诗推崇老孟风雅潇洒的品格，采用抒情—描写—抒情的方式，以一种舒展唱叹的语调，表达小白对老孟的敬慕之情："我非常敬重老孟您的庄重潇洒，您为人高尚，风流倜傥，闻名天下。您少年时就鄙视功名不爱官冕车马，高龄白首又归隐山林，摒弃尘杂。在明月夜里，您常常饮酒醉得非凡高雅，您不事君王，迷恋花草，胸怀豁达。如何仰望您高山峻拔的品格呢？兄弟只好在此揖敬您芬芳的道德光华了！"

老孟看了李白给他写的这首诗，给他回信道："兄弟，关于你赞美我少年时就鄙视功名，不爱官冕车马的这句话，我还真是有点难为情啊！说心里话，不是我没有当官的这个想法，只是有想法没办法呀！所以，我现在只好白首归隐，醉月中酒喽。"

嘿嘿，孟夫子这人真性情，不虚伪，敢讲大实话。佩服，佩服！

当一回善财童子

世界越繁华，人心就越容易走丢。人心如果走丢了，金钱也就容易损失了。所以，每人都需要在纷繁的世界里，把握好自己。

唐朝是让我们引以为傲和自豪的时代，是中华民族历史上繁荣、强盛的时代，是一个开放、浪漫的时代。唐诗，则是记录这个浪漫时代最华美

第三回　美白的大千世界

的文字，这是唐诗留给我们最宝贵的精神财富。

而扬州作为唐朝最开放最浪漫的城市之一，在农业、手工业、商业、航运、文化、工艺美术、文学艺术等领域，均处于全国领先地位。唐代的扬州，之所以能够被称为大唐重镇，首先是因为它的政治地位高和经济文化的发达。扬州虽然不是都城，但它是京杭大运河漕运的枢纽，其繁华程度在唐朝时期出类拔萃。

因交通便捷、市场繁荣和开放式的城市管理，扬州不仅白天商贾云集、摩肩接踵、热闹非凡，而且每当夜幕降临后，扬州就展现出更加迷人的夜色美来。这种别样的旖旎和繁华景象，令来自北方中原的人们惊奇不已，因此吸引了很多文人墨客前来观光旅游，他们在此流连忘返，纵情放歌，用诗歌记录了扬州的繁盛景象和市井生活。

据不完全统计，唐代有骆宾王、李颀、王昌龄、孟浩然、崔颢、李白、高适、韦应物、顾况、戴叔伦、王建、刘禹锡、白居易、张祜、姚合、李商隐、杜牧、温庭筠、杜荀鹤、罗隐、韦庄等150多名诗人到过扬州，吟咏扬州的诗篇多达四百三十余首。

看来，那时候的文人雅士要是没有去过扬州，人生几乎白过！

南朝宋人殷芸的《小说》中讲了一个"腰缠十万贯，骑鹤下扬州"的故事："有客相从，各言所志，或愿为扬州刺史，或愿多资财，或愿骑鹤上升。其一人曰：'腰缠十万贯，骑鹤下扬州'，欲兼三者。"

四个穷书生相聚在一起，各人说各人的人生志向。一人说，此生只想到扬州那地方去当官并且能当上一把手的大官。一人说，此生只想多多地发财，天天过上土豪和大款的日子就足矣。一人说，我崇尚幸福自由的生活，我此生只想骑上仙鹤到各地漫游。而最后一人的人生志向则要求鱼和熊掌兼得。他说，此生只想腰缠十万贯，骑上仙鹤，去扬州当官。

世上最美好的词是"理想"，最幸福的词是"实现理想"，最奢侈最残忍的词是"理想变成了幻想"。不管是理想，还是幻想，李白就想去扬州畅游一趟。其实，他一生共游了扬州六趟！

因为，扬州除了别具一格的风情外，更是一个令人乐不思蜀的地方。因为扬州就是历史上一个名满天下的脂粉地，销金窟。"淮扬路上，瓜州渡口，南来北往之人，都因那扬州花柳；华服锦饰，腰缠万贯，文人雅士之意，皆是为江左风流。"

因为扬州的莺歌燕舞，扬州的纸醉金迷，几让人羁縻忘蜀、难发归舟。唐代诗人贾岛有一首诗："闻说到扬州，吹箫有旧游。人来多不见，莫非上迷楼？"这正是当时文人雅士、富商巨贾来扬州追梦的生动写照。

小白第一次去扬州是在开元十四年（公元726年），去一趟不是十天半月，而是一待就是近一年。这充分说明那时的扬州，也是一座来了不想走的城市。

当然，扬州的消费还是蛮高的，他自己在《上安州裴长史书》中晒了一下在扬州的花销："东游维扬，不逾一年，散金三十余万。"有人做过计算，按当时的物价，可购米30万石。古代一石是今天的150斤，30万金可购米4000万斤，换算成今天的物价标准，最低不少于一亿元人民币。

"好你个败家子呀，这笔巨款都胡花到哪里去了？"小白的老爸李客急得直跳脚："我在绵阳起早贪黑地做生意挣钱容易吗，咱家既不是印钱的，又不是开矿的，你怎么能如此大把地撒钱呢？你得给我说清楚！要不然，你就不要回家，咱们从此断绝父子关系！"李客这一次毫不客气地一顿臭骂，吓得小白从此就真的不敢回老家了。实在想家的时候，就一个人望着月亮不停地默念《静夜思》："举头望明月，低头思故乡。"

其实，据李白自己讲，他的这些钱都做了公益事业了："有落魄公子，悉皆济之。"那些可怜的不得志的落魄书生，我给他们每个人都发了一笔不菲的"贫困助学金"。他把这些情况报告给他老爹，老爹就是不相信，

第三回　美白的大千世界

说他编幌子。而且，又是一番狗血喷头的问候："你到底是不是我亲生的呀，怎么一点没有我的遗传基因？你以为你是善财童子呀？这样吧，从此以后你就自生自灭，别再来烦我！"

"不烦你就不烦你，不就是花了你的一些钱嘛，有啥了不起的，我以后会有花不完的钱，到时自然会还你！我做好事不被你表扬反倒还受你这窝囊气！"在血气方刚的小白的记忆里，两年前父亲那张慈祥和敦厚的脸变得渐渐模糊起来，内心那种不能衣锦就决不还乡的决心，也变得愈加强烈了起来。

后来又有学者对小白这次扬州当善财童子的公益之举进行了考证，认为他用30万钱接济天下寒士的行为其实是一种洗钱。说他小时候在老家大明寺读书的经历实属可疑，因为那时商人的社会地位很低，寺庙接待商人的孩子在那读书是别有所图，别有隐情的。当时政府规定僧人拥有的财产价值不能超过等同于30亩土地的财产，大明寺僧人就将多余的财产记到李白父亲李客的名下。后来可能是有关方面追查此事甚紧，李白就干脆趁出蜀游历的机会把这笔钱捐出去接济寒士，权当还给社会了。

也有人反驳说，李白的这笔钱其实没有一亿元那么多，是算法有问题。30万金不是指30万两黄金，是指30万枚铜钱，1000枚铜钱为一贯，充其量不过是300贯，就几十万元人民币而已。

更有人推论说，李白的性格是豪迈放旷型的，爱说大话，爱夸大事实，他一年之内不可能花去那么多钱，他在《上安州裴长史书》中只不过是想给裴大人彰显一下他行侠仗义的豪情罢了。再说了，在那个时代随身带那么多银钱既不方便，也不安全呀！

不管这些事情到底是不是真的，反正李白很快就因为囊中羞涩而在扬州陷入了窘境，而且还生了一场病。这时有人为了帮他一把，就来给他提亲做媒了。

李白长安离职的秘密

结婚不走寻常路

在李白既没钱又病倒的时候,幸好他刚认识了当时在扬州当县尉的朋友孟少府,他来劝李白去湖北安陆许家当上门女婿。

"什么?让我一个学富五车的人去倒插门?羞死人了,兄弟呀,万万不可!"小白身体此时刚刚恢复元气,一听朋友提的这个馊主意,浑身又冒虚汗了。

"你先别急,先听我把话说完。这个许家可不是一般的平民百姓,而是安陆当地的名门望族,家里藏书之丰,天下少有。这许小姐今年芳龄25岁,虽然有点像小剩女,但她是个大家闺秀,不仅知书达理,而且还才貌双全。她的爷爷许圉师可是个德高望重之人呀!是进士出身,生前曾官拜左丞相,死后赠封谥号,陪葬在唐高宗太子李弘的陵墓恭陵,这是皇家对臣子的最高礼遇。许小姐的父亲膝下无子,只有独女,目前虽无实职,但也是朝廷追封的员外郎呀!"孟少府说话的时候,看到小白的眼睛有些亮光在闪耀,心里正觉得有点把握,在暗暗得意的时候,小白却翻了一下白眼:"这跟我有啥关系呀?"

少府正色并神秘地说道:"怎么没关系?关系大得很!你想呀,死去的老虎还带三分威呢!我的祖父跟许丞相曾同朝为官,知道那许家与当地官府盘根错节的关系。你要是成了许家的女婿后想得到地方长官的推荐,那还不是很简单的事,谁还不给许家一点面子呀?况且那安州都督马正公非但是个求贤若渴之人,而且还跟许家是世交,跟许员外过从甚密。你不但可以安家,还可以谋取一个美妙的前程,这不是两全其美吗?"

小白一听少府这番分析,连忙频频点头,心里就点赞道:嗯,这个可以有!于是,他便答应去安陆走一趟。因为他早就想过要游历云梦七泽的,去安陆不仅可以顺道去那里转转,还可去拜访一下心中的偶像孟浩

第三回　美白的大千世界

然呢。

李白于开元十五年（公元727年）初来到安陆。来安陆之前，先去拜访了老孟。

当时，有身份有地位的男人入赘女方，在社会上被人看不起。李白就此事向老孟吐露了心迹和担忧。

老孟心平气和地跟他说道，在我回答你这个问题之前，我先给你讲个故事。当年在朝歌虽然还是个屠叟的姜子牙，后来却是"兴周八百年"了不起的人物，是他亲手参与创建了周朝八百年的基业。历史上的朝代，有的很短，十几年、几十年就灭亡了，像秦朝就是如此。而周朝能够延续八百年，那是很不简单的，这其中有老姜的功劳。

姜子牙又叫吕尚，有时候还称他为太公望。传说当他遇见周文王的时候，文王非常高兴，说这个人就是我的祖父想要找而没有找到的那种人才，所以人们就称他为太公望。那么老姜在没有遇到周文王之前是做什么的呢？有一本书叫《韩诗外传》，这本书中说："太公望少为人婿，老而见去，屠牛朝歌，赁于棘津，钓于磻溪，文王举而用之，封于齐。"什么叫"少为人婿"？其实就是赘婿。男女的婚姻里一般都是女子嫁到男子家里去，可是有些男子家里贫困，无以为生，为生计所迫或者还有其他的一些原因只好入赘到女方家里，这就叫作赘婿。所以，你一直敬慕的姜子牙在年轻的时候都做过赘婿，你还有什么不好意思的呢？当然，你不是因为生计所迫，而是属于"其他原因"入赘的。

老孟还劝他，入赘许家有几个好处：一是你也老大不小了，需要有个安身之处；二是许家藏书丰富，有利于你在学业上的提升和深造；三是凭许家的能力和影响力，求人办事也容易些，可以四两拨千斤；四是你现在到各地游历和干谒耗费巨资，结婚后也有利于财源上得到补充，免得你捉襟见肘，无以后补。

听老孟这么一说，小白豁然开朗，终于下定了决心。然后，又拿着孟少府的推荐信去拜见安州都督马正公,马都督很热心地接待了他,最后还派人把他送到安陆许家。

许员外见李白相貌堂堂,谈吐不凡,心中大喜。又有马都督和孟少府的极力推荐,许员外当下就高兴地应允了这门婚事。

一直想当官的小白,这一年27岁。心想,我虽然还没有在朝廷当成什么官,那就先在许家当个新郎官吧!

婚后,李白和妻子就在安陆的西北兆山桃花岩住下。李白感觉挺满意,就在朋友圈晒幸福:我有一所房子,面朝兆山。春暖时候,桃花盛开!

李白在桃花岩住下的第三年,妻子生下女儿,取名月奴,长大后叫平阳。两年后,又生下儿子李伯禽,一对子女的先后诞生,又给他们的生活带来无比的欢乐。

遗憾的是,几年以后,妻子因产后虚弱,又感染风寒,得了一场大病。拖了不到半年,抛下李白和幼小的儿女,撒手人寰。李白后来以"酒隐安陆,蹉跎十年"之语,来概括他在安陆所度过的近十年的并不得意的生活。

李白的朋友兼粉丝魏颢,在其所撰写的《李翰林集序》中说道:"(李)白始娶于许,生一女一男,曰明月奴,女既嫁而卒。又合于刘,刘诀;次合于鲁一妇人,终娶于宗。"

魏颢是与李白在后半生中交往最深的人。所以,对于他写的这篇"集序",也就成了研究李白家庭的重要参考依据。现根据他的记述,并结合其他史料,可逐一剖析李白的婚姻及其子女等情况。魏颢交代了在李白一生中,分别跟四位女人相结合的事,但是又有所分别。对于李白一前一后的两次婚姻,他用了"娶"字;而对于中间的两次男女结合,他用的是"合"字,表明这不算是正式的婚姻,而是一种"男女同居"的关系。

第三回　美白的大千世界

不过，魏颢却也用错了"娶"字。因为在古代汉人婚俗里，把女子娶进门，叫"迎娶"，或如通俗说的"娶亲"，是以男性为主体的婚姻；而男子上女方家做女婿的婚姻，则反过来是以女性为主体的婚姻，就不能称为"娶"，在古代叫作"入赘"，用现在通俗话讲，就是"做上门女婿"。

据李白自言："……故知大丈夫必有四方之志，乃仗剑去国，辞亲远游，南穷苍梧，东涉溟海。见乡人相如大夸云之事，云楚有七泽，遂来观焉。而许相公家见招，妻以孙女，便憩于此，至移三霜焉。"（《上安州裴长史书》）。

这是说他自己在25岁出川后，便一直四处漫游，他曾在同乡人司马相如的文章里，大为夸耀楚地云梦的湖泊如何神奇壮观。他就对安陆府这地方有了好感，就答应了前代相国许圉师一家的婚事，见招做了上门女婿。他的后一次正式婚姻，同样是被"见招"，做的是另一位唐代宰相宗楚客家的上门女婿，这位"宗夫人"即是宗楚客的孙女。

看来，李白和宰相的孙女们有特殊的情缘，他对宰相的孙女们也有特别的吸引力！

在我国古代，男人做上门女婿的社会地位是比较低贱的，被当时人们视作"异常之举"。以男性为主体的婚姻习俗，可溯源到我国的周朝。那时，由于以父系为中心的婚姻伦理观念得到了加强，而后"男尊女卑，夫为妻纲"则成为封建社会人伦关系的重要准则。男子汉肩负着顶门立户，维持自姓血脉相承的大任；而女子出嫁到男家，生儿育女，操持家务，则被视为天经地义的事。那么，作为一种反常现象，男子汉到女家做"上门女婿"，就被人们贱视而待了。因而古人对此用了相当精妙的"入赘"一词，来给以称谓。

"赘"在汉语里的解释是"多余的"，比喻"剩余之物"。汉词中，对多余的话叫"赘言"，对人们皮肤上生长的瘊子，叫"赘疣"（比喻多余而无所用），对男子做上门女婿，便称为"赘婿"。在我国秦汉之时，是把

"赘婿"当成罪犯等"五类分子"对待，还要把他们强征到边关去做苦力，称为"谪戍"。到了唐朝，虽然当时社会风气已较为开放，但在汉人聚居地，由于儒学传统占据了主流，儒家伦理观讲究"正统"，所以"入赘"仍是人们心中一道难以逾越的藩篱。

那么，李白为何敢冒天下之大不韪，而接连两次甘当"赘婿"呢？究其原因，一方面，李白毕竟出生自"胡地"，在回到巴蜀江油偏居后（当时亦称为西南夷），那里也杂居着以"羌胡"为主的许多少数民族，他必会受到当地婚俗世风的影响。所以，对于深具豪放本质的诗人李白来讲，他是不会在意内地汉人的"世俗之见"的。

另一方面，据专家考证，在李白出生地碎叶，以西突厥人的活动影响最大。当时生活于西域之地的各民族，还存有许多母系氏族社会中遗留下来的风气，且突厥族的社会发展，相比汉族要落后许多。他们突出女性的身份地位，婚俗上往往体现于"女婚男嫁"。

在玄奘所述《大唐西域记·序论》上，就讲述了这样一段关于西域习俗的话："黑岭以来莫非胡俗，大率土著，建城郭，务田畜，性重财贿，俗轻仁义，嫁娶无礼，尊卑无次，妇言是用，男位居下。"而在《隋书·铁勒传》中，对突厥族人的风俗也有一说："（他们）虽姓氏各别，总谓铁勒……唯丈夫婚毕，便就妻家，待产乳男女，然后归舍，死者埋殡之，此其异俗也。"

因此，李白是出自西域迁来的家庭，必然要受到突厥文化的影响。李白对于先后"入赘相门"为婿之事，其实是不以为虑而深以为荣的，并时而在诗文里自鸣得意。可见在他的心理上，实际并没有这层阴影，也显现出李白"奇异"的个性和他"婚姻不走寻常路"的特征。李白对于自己的婚姻大事，是有着想"攀附名门"来提升身份地位，便于结交权贵，跻身仕途考虑的。也就是说，李白的这些行事作风，也存有未能免俗的地方。

第三回　美白的大千世界

大漠公有诗曰：

> 峨眉山月半轮秋，题诗顿悟黄鹤楼。
> 扬州散财做童子，安陆合卺绘锦绣。

新婚后的李白总该借着许家的人脉优势向仕途发起冲击了吧，那么他是如何求职、如何求得别人推荐的呢？欲知详情如何，且听下回分解！

第四回

直白的求职信

李白长安离职的秘密

李白现存的 1000 多首诗里面，至少有 500 首诗是赠送酬答的。由于不能参加科举，所以，他必须各处奔波、干谒、求荐，通过赠别、怀人的往来酬答建立朋友之间的真挚感情，以便在阶层里建立人脉关系，为自己在职场打拼奠定基础。

唐时薛用弱在《集异记》里讲述了一个关于王昌龄、高适和王之涣三位大诗人"旗亭画壁"打赌的逸事。

传说开元年间的一天，冬云低垂，天空飘飘洒洒地下着小雪，诗人王昌龄、高适和王之涣三人相约到洛阳城东旗亭酒楼饮酒，正赶上梨园官员数十人也在此举行宴会。王昌龄他们三位围着火炉，边喝酒边聊天。少顷，环佩响处，只见四名花团锦簇、摇曳多姿，怀抱琵琶的歌女款款而出。

王之涣说道："咱们三人在诗坛齐名，一时难分高下，今日却是个巧遇的良机。我有个提议，等会儿她们唱起歌来，谁的诗被唱得最多，谁拔头筹何如？"王昌龄、高适抚掌称妙。

第一个歌女唱道："寒雨连江夜入吴，平明送客楚山孤。洛阳亲友如相问，一片冰心在玉壶。"喝彩声中，王昌龄得意地在墙上画了一横杠说："这是我的一首。"第二个歌女接着唱道："开箧泪沾臆，见君前日书。夜台今寂寞，犹是子云居。"高适也得意地在墙上画了一横杠道："是我的一首。"第三个歌女唱道："奉帚平明金殿开，且将团扇暂徘徊。玉颜不及寒鸦色，犹带昭阳日影来。"王昌龄又得意地在墙上画一横记道："嘿嘿，我已经有两首咯！"

王之涣一看这情况有点急了，揶揄道："这几个土里土气的丫头，也就配唱你们俩那'下里巴人'的玩意儿，怎配唱我的'阳春白雪'之词呢？"他指着一个姿色最出众的歌女说："从现在开始咱们就听她唱，如果不是我的诗，老哥以后不再和你们比诗了，我就回山西老家喝老陈醋去。如果是我的诗，那你们当奉老哥为师哟！"边说边笑着等待。

第四回　直白的求职信

过了一会儿，那个仪态高雅的歌女开腔唱道："黄河远上白云间，一片孤城万仞山，羌笛何须怨杨柳，春风不度玉门关。"王之涣哂笑道："两位老弟，你们看咋样？"说完，三人拊掌哈哈大笑。原来这正是老王的一首七绝。

歌女看他们大笑不知何事，一问才知道他们原来就是这些诗的作者，四个歌女一听是倾慕已久的三位大诗人，都喜出望外，纷纷过来行礼，连连下拜，并请三人上座一同饮宴，把酒言欢，最后尽醉方归。

"旗亭画壁"的故事，其实不仅是讲三位唐朝诗人的赌诗喝酒的雅趣，而且深层次地反映了唐诗在那个时代的繁荣。唐代的诗人像满天的星斗，这些诗人，知名的多达2300人。他们的作品，保存在《全唐诗》中的有48900多首，唐诗的普及几乎到了"凡有井水饮处，即能歌吟唐诗"的地步。

为什么，唐诗会如此地盛行呢？

唐时为何诗人多

唐诗的形式和风格是丰富多彩、推陈出新的。它不仅继承了汉魏民歌、乐府的传统，并且大大发展了歌行体的样式；不仅继承了前代的五言、七言古诗，而且发展成为叙事言情的鸿篇巨制；不仅扩展了五言、七言形式的运用，还创造了风格特别优美整齐的近体诗。近体诗是当时的新体诗，它的创造和成熟，是唐代诗歌发展史上的一件大事。它把我国古曲诗歌的音节和谐、文字精练的艺术特色，推到前所未有的高度，为古代抒情诗找到了一个最典型的形式，至今还特别为人们所喜闻乐见。

唐诗的盛行是几个因素的综合作用，从而形成一种带有特定时代烙印的文化符号。

李白长安离职的秘密

一、应试科举的需要

在唐朝，科举取士制度已经比较完善，许多有才华的士子通过考试步入了仕途。所以，科举考试成为士子出人头地的最主要途径，金榜题名、登龙门的科举制度从根本上改变了文人学子的生活方式。因为在应试过程中，诗歌已成为科举考试的首要科目，写诗也就成了士人们人生和事业的主要内容。

唐朝科举考试前，就有了"行卷"的风气。"行卷"就是考生要把自己写的诗当成平时的学习作业成绩呈送给相关人员阅读，以期博得青睐，或作为请求推荐的依据。

唐代诗人朱庆馀曾带上自己上百篇诗文去京都长安应试。考试前，他就通过关系向当时著名诗人、时任水部员外郎的张籍求教，请他对自己作诗的水平把把关。他从百余首诗中精挑细选了20首献给了张籍，可几天过去了，一点消息都没有。因为考试日期日益临近，自己在京都又无其他熟人，小朱心里没底，怕自己作品的主旨不一定符合主考官的要求，因此以新妇自比，以新郎比张籍，以公婆比主考官，写了这首行卷诗《近试上张水部》：

洞房昨夜停红烛，待晓堂前拜舅姑。

妆罢低声问夫婿，画眉深浅入时无。

小朱作为晚辈向水部郎中张大人探问对自己文章的看法，自然不好明说，只好以新媳妇初见公婆时紧张和忐忑的心情来委婉地就近试探：张大人，我想弱弱地问一下，您对我写的那些诗的格调和水平还满意不？您对我这次参加高考能取得好成绩有没有信心呀？我要是发挥好的话能不能考上呀？

张籍看完诗后，先是纳闷小朱为什么又写诗给他，仔细琢磨后，就

第四回　直白的求职信

明白了。原来这位年轻人是对自己做考前文化水平测试的，于是，他便写了一首诗《酬朱庆馀》，心领神会地用同样的手法，给小朱作了巧妙的回答：

> 越女新妆出镜心，自知明艳更沉吟。
> 齐纨未足时人贵，一曲菱歌敌万金。

小朱呀，众里寻芳千百度，蓦然回首，妙处却在"画眉深浅入时无"。你就是那艳冠群芳的越女，已经很美了，却还非常谦虚低调。你尽管放心，虽然别的女子也身着绫罗而来，却并不被世人看重，唯有你的那一曲菱歌，才价值千金。唯有你的才华，才会备受人们的赞赏。凭你的真实水平和诗文功底，就不必为这次高考担心了，你肯定会出人头地的。

后来的考试结果，小朱果然榜上有名。看来，他这次当了一回新媳妇还是蛮值得的！

著名的山水田园诗人王维因为诗写得好，并且流传广泛，影响不小，就连皇帝的妹妹玉真公主都很欣赏他的才学并竭力推荐他，这为他后来参加科考夺得第一名奠定了基础。所以，作诗是仕进的一条重要渠道，全唐诗的洋洋大观和科考有着紧密的关系。

二、交际应酬的需要

在唐代，成名前必须在一定的阶层之中流传这个名声。因此士人集中的地方比如酒楼、驿亭、景点、歌舞娱乐场所等地，就有往来送行和交际应酬。在李白1000多首的诗里面，至少可以找出500首以上的诗都是赠这人、送那人、留别某人等等，总之就是酬答的。李白由于不能参加科举，所以，必须通过个人到各处奔波、干谒，在阶层里建立人脉关系。通过赠别、怀人的往来酬答建立朋友之间眷恋不舍、互相安慰、风雨同舟的真挚感情,通过诗文的传播以获取自己的名声和阶层的认同,为最后开拓仕途奠定基础。

唐代诗人如王勃《送杜少府之任蜀川》、杜甫《春日忆李白》、王维《渭城曲》、高适《别董大》、王昌龄《芙蓉楼送辛渐》、杜甫《月夜》等亦是如此,都是通过他们这些脍炙人口的名篇流传,才让我们感悟了诗人们那离别的泪水、远去的行舟、难舍的情怀、卓著的才华。

一首诗词的情感表达,往往能跨越千山万水,能胜过千言万语。因此,诗文在交际应酬中就有了生根、发芽、开花、结果的土壤。

三、自我心绪表达的需要

人既然有悲欢离合和喜怒哀乐,那么诗就自然而然地成为文人思想和情感宣泄的载体,诗就是那时的一种日记,相当于现在写微博、微信朋友圈的晒心情。"日记"写得最全的要数杜甫,后人常常把他的诗歌称为"诗史",说他的诗歌是唐朝由盛转衰的历史,这是从国家的角度讲的。但从个人角度来讲,他的诗歌是"日记",从青年时代一直写到暮年的病危时刻,记录了他的理想、他的奋斗、他的落魄、他的遗憾。

"日记"里记录最多的当然是文人骚客们的各种心情:亲朋相聚的酣畅和欢乐,时光的短暂和流逝,怀才不遇的惆怅和郁结,理想不能实现的忧愁和苦闷,宦海的沉浮和失意,被贬之后家国远离的伤感和迷离,离别思乡的难舍和苦痛等。

因为那时的交通困难,通信不便,生活条件的恶劣都难以想象,诗中常常出现的那些"寒"和"冷"字,不仅是指天气的温度低下,而且是在表达一种透彻心扉的寒意和悲凉的心绪。诗人或客居驿馆、暂寄寺庙、独处衙宅,在风雨之夜,独对寒窗孤灯;或春江花月,举杯独饮;或孤独远徙,思亲思乡等各种情感都会涌上心头。因此,写诗就成了记叙和表达自己心情的一种方式。如李白的《静夜思》《蜀道难》《长相思》《赠汪伦》,

杜甫的《春日忆李白》《望岳》，等等。

四、立功立德立言的需要

儒家有"三不朽"之说，即"立功、立德、立言"。唐诗也是"立言"的一种。因此凡有作为的士人都有诗集或词集流传于后世，并成为他们的精神地标。杜甫的《杜工部集》、李白的《李太白集》、王维的《辋川集》、孟浩然的《孟浩然集》……透过他们的诗词，他们的思想和风范书写在了历史的丰碑上。我们追慕先贤的品格，他们的作品激励后人更加奋发有为，这些诗蕴藏了无穷的正能量，滋养了一代又一代人的心灵。如李白"长风破浪会有时，直挂云帆济沧海"，杜甫"安得广厦千万间，大庇天下寒士俱欢颜"，高适"莫愁前路无知己，天下谁人不识君"等，这些诗既饱含了诗人的情感和人格追求可成为后代人的精神食粮，也是诗人立功、立德、立言的人生理想和抱负的标记。

五、娱乐的需要

文人写的诗，尤其是那些优秀的诗作，必须通过适当的渠道进行传播才能穿越时空、流传后世。除了上流阶层的肯定和嘉许、亲朋好友的口口相传，酒宴和歌女的传唱也是诗词得以流传扩散的主要方式。因此，诗也就成了那些文人雅士在这些娱乐场合的一种媒介和工具。王昌龄的《从军行》、王之涣的《登鹳雀楼》、王维的《渭城曲》等诗文之所以在唐朝广为流传，靠的是歌女们以其诗句为唱词，再谱以乐曲传唱的结果。

唐代诗歌浩如烟海、车载斗量之盛况，不仅体现了作品的卷帙浩繁和形式的多种多样，而且更多地呈现了那个时代的精神和力量。其文学价值和人格精神，一直为后世所推崇和借鉴，并作为宝贵的精神财富世代传承。

鹏鸟渝地受阻

李白自从明白了写诗的重要性后,写诗的积极性就有了空前的高涨。他在请客、交友、吃饭、走路、跋山、涉水、睡觉以至于做梦时都能和写诗联系到一起,可以说是达到了"心知拿了颠倒看,横也诗来竖也诗,这般心事有谁知"的境界了。

那么,诗写多了,得让专家写个证明材料,为将来找工作提供支持呀!于是,李白就四方打听找寻机会。直到有一天,终于等来了这个机会。那只一直盘桓于自己心中的大鹏鸟这下可以高飞蓝天、直冲云霄了!

大鹏鸟是中国神话传说中最大的一种鸟,是许多传说中奇大无比的神鸟,它原本由鲲变化而成。根据《说文》《字林》等典籍,"鹏"即为"凤"的古字。《说文》曰:"凤飞,群鸟从以万数,故以朋为朋党字。"可见"鹏"左边的"朋"来自它群鸟之王的地位。就字源而论,可以推测大鹏和凤凰源自先民的同一种鸟图腾逐渐分化而来,并带上不同的特征。

鹏在中国古代文献中,记载最早的当属《庄子》。庄周在其《庄子·逍遥游》中说:"北冥有鱼,其名为鲲。鲲之大,不知其几千里也。化而为鸟,其名为鹏。鹏之背,不知其几千里也。怒而飞,其翼若垂天之云","水击三千里,抟扶摇而上者九万里","绝云气,负青天,然后图南"。

而《神异经·中荒经》里描述的大鸟"希有",也与大鹏有相当的关系:"昆仑之山有铜柱焉,其高入天,所谓'天柱'也,围三千里,周圆如削。下有回屋,方百丈,仙人九府治之。上有大鸟,名曰希有,南向,张左翼覆东王公,右翼覆西王母;背上小处无羽,一万九千里,西王母岁登翼上,会东王公也。"仅仅背上小片没羽毛的地方就有一万九千里宽广,

第四回　直白的求职信

可见它的体形多么庞大！

这么大的鸟在现实未见，只有在神话故事的传说里和诗人放旷的想象里存在，以表达诗人高远的志向和豪放的气概。如阮修《大鹏赞》中有"志存天地，不屑唐庭。鸳鸠仰笑，尺鷃所轻。超世高逝，莫知其情"的句子。

啰里啰唆地作了这么多关于大鹏鸟的介绍，是因为李白一直把大鹏鸟当作宝！大鹏鸟是李白诗赋中常常借以自况的意象，它既是自由的象征，又是惊世骇俗的理想和志趣的象征。

开元十三年（公元725年），青年李白出蜀漫游，在江陵初见名道士司马承祯，司马大师称李白"有仙风道骨焉，可与神游八极之表"。李白当即就作《大鹏遇希有鸟赋并序》（后改为《大鹏赋》），自比为庄子《逍遥游》中的大鹏鸟。李白诗中还有一首《临路歌》："大鹏飞兮振八裔，中天摧兮力不济。余风激兮万世，游扶桑兮挂石袂。后人得之传此，仲尼亡兮谁为出涕？"可见李白终生有引大鹏自喻之意。

但是，就在李白20岁那年大鹏初风云起时，由于自己年轻气盛，表现得太过于高调跋扈，而让此次拜见的这位大人心生了大大的不快甚至大动了肝火。这位大人是谁呢？李邕！开元八年（公元720年）的时候，李邕正在做渝州刺史，是当地政府的首席行政长官。李大人在开元初年就已经是一位名闻海内的大名士，也是文学家和书法家。李大人天资聪慧，幼承家学，少年时即以擅长辞章而闻名。他在仕途上，为人耿介磊落，不畏权贵。后来还做了北海太守，故人又称之为"李北海"。

年轻的小白，像金秋的骆驼，顶着两个注满才华的驼峰。他想驰骋千里，他想在世人面前展现，他更想得到李大人的认可，最好是在他的作文上盖上一个戳：优秀！

小白被引进李大人的书房时，大人悬腕提笔正在写一幅字，笔法凝重迟缓。可李白的心却是急迫的，他是特意慕名前来拜访的，正如那块从天而降、珍贵无比的和氏璧渴望着被人发掘和开采。他敞开胸怀地渴望李大人能尽快看见自己心里面那灼人耀眼的光辉！

可是李大人仍然是一种慢条斯理的口气，眼睛像被蒙了一层纱，只是浮光掠影地扫了一下小白递来的行卷诗，然后就装作好像什么也没看见。至少，从他脸上掠过的那一丝僵硬的微笑来看，他除了什么也没看见外，心里竟然还有些愠怒和不快呢！

小白拜见李大人的结果如何，可以从小白离开时给李大人的一首《上李邕》的诗中得到推断：

大鹏一日同风起，扶摇直上九万里。
假令风歇时下来，犹能簸却沧溟水。
世人见我恒殊调，闻余大言皆冷笑。
宣父犹能畏后生，丈夫未可轻年少。

诗的意思大致是：大鹏一旦乘风而起的时候，扶摇直上可以达到九万里的高度。我这只大鹏鸟就算是飞不起来，也定能把天池的水搅得浊浪滔天！现在有些官员见我好发奇谈怪论有点看不惯，听了我的言论还冷笑不已、不屑一顾，这可是非常看不起年轻人、缺乏谦虚谨慎的表现！我们伟大的万世师表孔圣人还谆谆教诲、再三强调对年轻人要好一点，要多多地栽培，要多多地提携，年轻后生是蛮可畏蛮可亲的呀。作为一个社会大名人、大丈夫怎么能做轻贱和蔑视年轻人的事呢？我今天把这句老话撂在这，你要是对我爱搭不理，以后我会让你高攀不起！

史称李邕"颇自矜"（《旧唐书·李邕传》），为人自负好名，对年轻的后生，态度颇为矜持，有点端架子。崔颢当年去拜见他时就因为诗中有"十五嫁王昌"的句子，遭到了他的呵斥。小白谒见李大人时，因为不拘俗礼，且于谈论间放言高论、大放厥词，纵谈王霸。因此，李大人对他的第一印象就不感冒，大为不悦。小白对这次的不怎么受李邕的待见，立马

第四回　直白的求职信

就表现出了爱憎分明和强烈不满，对李大人轻慢的态度以揶揄和讽刺来回敬。语气相当桀骜，尽显少年狂妄之锐气。

当李大人看到这诗后，心里肯定不是倍儿爽，而是倍加愤慨：呦，你这个乳臭未干的小同学，你的家长是谁呀？狂躁得很啊！简直是嚣张至极、超级自负嘛！现在国家一统、天下太平，你给我谈什么纵横术、霸王术？你以为现在是春秋战国吗？有没有搞错啊你，况且，你对文化界的老前辈就用这种语气说话？太傲慢无礼了吧，十足的一个愣头儿青，去去去，回家将"谦虚"这两字抄写300遍！

总之，小白这次的拜见，气得李大人胡子乱颤，差一点就要喊：来人哪，给我将这个违逆犯上、不懂规矩的毛头小子轰出去。

史载李邕"素负美名，人间素有声称，后进不识，京洛阡陌聚观，以为古人。或传眉目有异，衣冠望风，寻访门巷"。李大人一向负有才名，一致公认他一手漂亮的文章，又广为交朋结友，是汉时贾谊、战国时信陵君式的大人物。李大人入京后每在路上行走，都要受到很多人的围观，以为他是前朝古人，都认为他相貌不凡。一些士子争相结纳，登门拜访，以索求他新写的文章和签名，或者求得他的赏识。

对于这样一位名士，初生牛犊不怕虎的小白竟敢指名直斥与之抗礼。还以大鹏形象的刻画与颂扬，表达了自己的凌云壮志和强烈的用世之心，对李大人瞧不起年轻人的态度竟敢梗着脖子顶撞。一方面足见青年小白的自信、自负、不畏流俗的气识和胆量，以及"不屈己、不干人"笑傲权贵、平交王侯的个性。另一方面也显现了小白过于直白的表达方式在现实生活中，尤其是在职场或官场干谒求荐时的不合时宜。同时，也暴露了其性格、心志方面的稚嫩和不成熟。你看他，作诗时也不讲究避长者、尊者讳这一套，直接就是《上李邕》，最起码你也应是《上李大人》或《赠李刺史》吧？这一点，你就得学学人家阿杜，阿杜以谦卑低调的姿态跟李北海李大人的关系处得就十分和谐密切，他们玩得一直多愉快呀！

没办法，这都是年轻人旺盛的荷尔蒙惹的祸！初出茅庐时，激情的荷尔蒙像野草疯长；等到饱经风霜时，萎靡的荷尔蒙就成了迷途羔羊。

这一次，李白拜见渝州李大人以失败而告终，不是败给了他写诗作文的才华，而是败给了他过于直白的态度和过于张扬的性格。他应该吃一堑长一智，好好总结一下这次的经验和教训，最好是能做到"吾日三省吾身"，那就善莫大焉！

但是，小白就爱梗着脖子，认死理。更要命的是，他回家后不是三省吾身，而是依然故我地要凭着少年意气高歌猛进、一路飞扬，他的心底里还是在呐喊：年少不轻狂，老来空惆怅。吾且休管它，拼命朝前闯！

安州再遭冷遇

小白继续往前闯，距上次见了李大人，一不小心就闯了祸快十年了，还是没个名堂。一转眼，马上就要给自己唱30岁的生日祝福歌了，眼看就要变成老小伙了，他心里有点慌了：孔圣人曾经说"三十而立"，我现在立了什么？我只是将自己的影子和理想立在了斜阳里。

那一晚，他久久无法入睡。第二天早上起床，揽镜自照，被自己的形象吓了一跳：白发三千丈，缘愁似个长。不知明镜里，何处得秋霜。妈呀，我都快不认识自己了！

不行，不行！他从喉咙里发出了让自己惊悚的吼声：我再也不能这样活，生活就得前思后想，想好了我再做！我必须将最近发生的事情好好捋一捋，特别是坊间那些对我的造谣和诽谤，肯定是有些无耻小人故意在背后搬弄是非。要是安州马都督没有调走还在这里任职的话那该多好呀，他一定会给我主持公道的！要不，我给安州的裴长史写一封信，向他说明情况，澄清一下事实，并请他给我想想办法给上面推荐推荐，赶紧得找份工作上班啦！可恨的是，总有一些卑鄙的小人在我身后指指戳戳，说我这个

第四回　直白的求职信

上门女婿只会吃软饭。这真是，床头金尽，壮士无颜啊！

于是，一封洋洋洒洒的求职信《上安州裴长史书》就写好了，托以前关系不错的李长史给转呈过去。

那是个阳光耀眼的午后，安州府衙周围的油菜花正盛开着，天地间一片金黄。裴长史此刻的心情不错，一边捧着一杯香茗，一边拆开小白的来信。

裴长史台鉴：

好久不见，十分挂念。我今天斗胆地想敞开心扉向您汇报一下我最近的学习心得和体会，感谢您在百忙之中能抽出时间来倾听我的心声，给我机会表明心迹。书不成字，纸短情长，伏望君侯体察。

…………

我们家虽然世代是贵胄望族、高门大姓，但我从不娇生惯养，打小就是一个会动脑、爱思考，能一丝不苟地学习科学和文化知识的人。

我常常废寝忘食地研读诸子百家，对儒、道、法、墨、纵横、阴阳、兵、杂、小说等都有所涉猎。我不仅睡觉时头都枕着书，而且上厕所也做到了手不释卷，学习劲头堪与头悬梁、锥刺股的那两位牛人相媲美。那我为什么这么死磕自己呢？我就是为了要实现大丈夫志在四方的理想啊！

我是一个任侠重义、乐善好施，做了好人好事不留名的人。

那一年，我在烟花三月下了扬州，我倾囊30万金相助了无数个家里贫困的学生，帮助他们重新回到了课堂。

那一年，我孤身一人对一位在旅途中不幸得了疾病而亡的驴友进行人道主义的临终关怀。当老虎来掳尸时我还义务当了一回侠客，并两次迁墓安葬。我为什么要对他如此重情重义呢？只因为，他人在旅途，魂魄异乡；安其遗愿，好上天堂。

…………

李白长安离职的秘密

我是凭自己的能力,是凭自己的真才实学被行业名家寄予厚望的。

那一年,前礼部尚书苏颋苏大人出任益州长史时我有幸拜见了他。

他读完我的行卷后,就对他的僚属们说了这样的一番话:"这个年轻人才华横溢,风度翩翩,下笔千言,诗文虽未达于化境,却也初具规模。如果勤学苦练,进一步开阔眼界,便可以赶上司马相如了。"海内明达之士,他们可都是知晓这件事并且可以为我证明的。

那一年,本郡马都督第一次见我,就称许我为奇才,并对长史李京之说:"这么多人的文章,犹如山中没有烟霞,春天里不长草树。唯有小白同志的文章,清俊雄奇奔放,精彩的词句,在字里行间闪闪烁烁,光彩照人,饱含理趣,没有一句不动人的。"这是熟悉我的马公对我最中肯的评价,这里没有一点注水的虚假成分。

当然,我的文章再好,如果没有您的赏识,那也毫无价值!

当我想到您的高贵和贤德,我就顶礼啊!当我想到您那像高飞的雄鹰那样犀利的眼神,如猛虎视物那样不可侵犯的仪容,像编排起来的贝壳一样洁白整齐的皓齿,如膏脂凝成的白皙肌肤,如玉山上行光彩照人的步履,我就膜拜啊!当我想到您一诺千金的高义,文采超群的风雅,四方封属无人不赞的声望,我就赞叹啊!当我想到您那仗剑孑立、骏马驰骋、慷慨高歌的气概,您那存交重义、洒脱倜傥、重诺好贤、谦和待人的风范,我就向往啊!

大唐因为有您,才能海内清一;大唐因为有您,才能威仪远播!

…………

"这个小白的文笔除了有种、有料、有品、有趣外,还是蛮有味道的嘛!"裴长史喜滋滋地呷了一口茶,这样赞叹道。然后,继续津津有味地往下看。

长史大人呀,我李白追慕您的高风亮节,已有十年了。以前云山阻隔,拜谒无门;如今天降大任,风云际会。虽然相见恨晚,但幸来日方

第四回　直白的求职信

长。至于坊间那些毁谤突生之谣言，众口铄金之行径，您可要为我主持公道啊！我真心实意对您说，我是无辜的。如果有半点虚言，您让我跳山崖、投大海、入深壑，我都无怨无悔、死不足惜！

最后，希望君侯您高看一眼，赐给我知遇之恩，推荐我找到一份理想的好工作。兄弟我也是个懂得感恩的人，我必定会精诚报答您的。但是，您若非要威严作怒，摆出一副革命老前辈的架子不给我面子。那么，我就只能毅然决然得像黄鹤那样从此远走高飞，永远和您说再见了！然后，我就西入秦得寻找我的发展空间了。凭我的鸿鹄冲天之志，经天纬地之才，我就不相信，哪个王侯将相的门前，不可以申明我济世报国的志向，不给我大鹏展翅的机会呢？好了，其他的话，我也不想多说了，请裴大人您三思吧！

裴大人刚才还正在享受着李白那段溢美之词的心理按摩，并且似乎还有点意犹未尽呢。怎么，到了信的结尾部分语气就急转而下了呢？感觉有点不对劲了。岂止是不对劲，俨然是一种挑衅的语气！很别扭，很不爽，好像有几只绿头苍蝇在嗡嗡乱飞！我怎么就闻到了你小子话里除了有好大的火药味，还夹杂着生硬和阴冷的威胁："你老裴要是推荐了我便罢，要不然，老子就生气了！像我这样的才子，还愁别人看不上？要不然，老裴你就等着瞧吧！"

嘿嘿，有你这样说话的吗？笑里藏刀、绵里藏针！都是老司机，给我下什么蒙汗药？这一招，不灵！你让我等，那我就等；你让我瞧，那我就瞧。那咱们，就等着瞧！

等着瞧的结果，就不用说了！李白这一次直白的求职信肯定是被裴大人用火点着了，然后冲到下水道了。他想通过地方长官推荐的大门又一次被彻底堵死了，他想尽快施展个人才华的愿望注定像一轮明月般高悬于空中，只能被人永远注目和仰望了。

时光如水漫过，静夜寂寞来愁。幸好，寂寞的时候还有孤独陪伴，还可以举杯邀明月，对影成三人，三人共徘徊。

那一夜，等他将明月喝进了肚子里后，才洗洗睡了。

襄阳自荐无门

什么叫自信？自信就是自己看自己都会感动；什么叫自负？自负就是自己看自己都会上瘾。

李白上次给裴大人写信后，又是漫长的等待，又是无数个不眠之夜。想想这封信，没什么问题呀！自己看了，都会被自己的妙语连珠而震撼而感动。只是感动归感动，结果却很被动；自信归自信，最后都是一样杳无音信。唉，真是可惜了为骑马而拍马付出的这份感情啊！

有酒的日子不会寂寞，有诗的日子不会平淡，而没有掌声和喝彩声的日子却会让人贫血让人失落。李白就只好继续游历，继续行走。

距那次给裴长史写干谒求职信约四年后的一天，在路过襄阳时，李白听闻时任荆州长史兼襄阳刺史、山南东道采访史的韩朝宗素以喜欢才子而著称，并且还是位伯乐式的大人物。于是便自告奋勇地登门拜访，又写了一封自荐求职信——《与韩荆州书》。

在这篇自荐信中，李白除了以"生不用封万户侯，但愿一识韩荆州"之语来开宗明义，对韩大人大加赞扬外，别的丝毫未改他自负其才的锐气。当然，他这种锐气就成了韩大人眼里的张狂和傲气。而且，在信的结尾部分还不吸取上次裴大人的教训，又摆出了一副直白的并且盛气凌人的叱问口气："君侯何惜阶前盈尺之地，不使白扬眉吐气，激昂青云耶？"

"您身为大都督长史兼襄阳刺史的韩大人，为何要吝惜您侯门阶前的一尺之地，不让我李白意气昂扬、不让我这只大鹏一展于青云之上呢？凭我出类拔萃的才华，荣登仕途，为国效力是当之无愧的。你们这些负有'举贤'之责的君侯，难道只知道尸位素餐吗？你们有何理由，接二连三地不给我实

第四回　直白的求职信

现梦想的机会呢？莫非你们真的是鼠目寸光不识我这匹千里马吗？"

韩大人看了信后，当时就不乐意了：我说你这个小伙子，脾气还挺急躁倔强的喔！推荐人才这事情，你以为是在农贸市场买菜吗？官员的举荐、录用和提拔是要履行一整套程序的！不能仅仅凭你洋洋洒洒的一家之言，我就贸然给你举荐上报吧？哪见过你这样求职的，一上来就横加质问和指责的？算了算了，我们荆州这地方笼子太小，装不下你这只大鹏鸟，你该往哪儿飞就往哪儿飞吧！

李白的脸色再一次地变成了苍白。

很显然，李白这次的求职又告吹了。究其原因，或许是李白的凌云之气，不，在韩大人看来是自负与自傲之气，把他给惊骇住了。尽管李白以从容不迫的口气，介绍自己的拔尖才调，从他的心理诉求方面讲是可以理解的。

可是在韩大人看来，这尽是些"恃才傲物、目中无人"之狂论。

你看，这小子在信中说自己"十五好剑术，遍干诸侯；三十成文章，历抵卿相。虽长不满七尺，而心雄万夫"，"幸愿开张心颜，不以长揖见拒。必若接之以高宴，纵之以清谈，请日试万言，倚马可待"这些语句读来虽然慷慨激昂、朗朗上口，但其内容和格调，简直就是自吹自擂式的飞扬跋扈和不可一世！

另外，他在信中还说："君侯不以富贵而骄之，寒贱而忽之，则三千之中有毛遂，使白得颖脱而出，即其人焉。"这不是他自喻为智囊宾客毛遂，而将我比成战国时期四公子之一的那个平原君赵胜了吗？当年，在秦军攻击赵国都城邯郸之时，毛遂以自荐方法随同平原君，前往楚国求救，游说其合纵抗秦。最终毛遂迫使楚王签订了合约，因此平原君后来把他奉为上宾。这小子想借此典故来暗示，让我托借他如毛遂之力来成就我实现如平原君那样的百世功业，这简直就是荒唐透顶！现在是大唐盛世，不是四分五裂之乱世，你让我当平原君这不是陷我于不仁不义吗？你这个毛头小子想造反不成？我韩某人怎敢把你这个口无遮拦之人推荐给朝廷呢，我难道非得给自己弄个愚贤不辨的罪名吗？这不是引火烧身吗？

是哪一片云罩住了李白红霞满天的脸膛？是哪一条路留下了李白踟蹰徘徊的脚印？是哪一弯明月落进了李白高举的酒杯？是哪一缕酒香扯动了李白浓浓的愁绪？

看来你李白出仕的路途真的不顺呀，长路漫漫，命运多舛啊！除非你还有什么办法能上达天听，否则，你只好穿起你这件已经穿了几十年的"白衣"，继续做你的平民吧，别再做梦了。至于你说的立志要当官这事，那就当是一个茶余饭后打打牙祭的笑话吧。

大漠公喟然叹曰：

> 思君不见下渝州，安州孤月冷飕飕。
>
> 襄阳栏杆全拍遍，大鹏折翅使人愁。

李白几次求职均以石沉大海而告终，他的自信心再三受挫，人也好像变得低迷甚至自卑起来。那么，李白就此而轻言放弃了吗？他将如何再次发起冲击，如何重新上路呢？欲知详情，且听下回分解！

第五回

灰白的心里很拥挤

李白长安离职的秘密

人生往往就是这样,希望就是人的整个生命,淡漠就是半个死亡。有时候,在你以为的希望里,却会让你陷入更深的绝望;当你以为陷入无尽的绝望时,在另一个拐角却又长出了漫山遍野的希望。

李白在安陆时对裴长史是抱着很大希望的,因为裴长史是个文武兼济之人,为人豁达大度,好客爱才,所到之处,宾客成市。大家都盛传这样一段顺口溜:"车如流水马如梭,裴公门下宾客多。只需裴公一句话,胜似大比登高科。"但希望越大,失望也越大。李白的人生却与强盛的大唐格格不入,事业上他处处碰壁,想出仕却苦无门路。好在他还充满斗志,此处不留人,自有留人处!

现在李白的新目标已然明确——"西入秦海,一观国风,永辞君侯,黄鹄举矣。何王公大人之门,不可以弹长剑乎"?长安的大门为我而敞开着,此一去必是一飞冲天,一鸣惊人。

开元十八年(公元730年),是李白的而立之年,也是他后来在《与韩荆州书》中所表述的想有所作为的"三十成文章,历抵卿相"之年。李白决定不再等待,就在这一年的六月,带着岳父给在光禄卿为官的同宗亲戚许辅乾写的书信,辞别了客居三年的安州,经南阳、内乡、商洛、蓝田一路西行,前往京都长安。

初入长安的况味

由蓝田到了灞桥,再从长安城的东大门春明门入城后,李白的双脚终于踏上了自己朝思暮想的这块土地了,终于见到了盛唐国都呈现出的那古城墙的雄浑厚重和钟鼓楼的苍劲恢宏。

长安城的气象也让李白精神为之赞叹,灞桥河边、广运潭畔,柳荡绿波,诗情无限。秦砖汉瓦中有说不尽的传奇故事,暮鼓晨钟里有道不尽的悠远沧桑。这正是:

第五回　灰白的心里很拥挤

> 街道宽阔，酒楼林立，人往如织，都市繁华，景色妖娆；
> 宝塔高耸，城池雄浑，宫墙逶迤，登临远眺，意纵天高。

李白顾不得流连街景，先找了一家客栈住下，然后就打听光禄卿许辅乾的住所。等到第二天，他将岳父的书信送到许辅乾手中后，许大人很热情地接待了他，答应给他择日引荐朝中某位大员，并让他从客栈搬到自己家中客居。一切竟然如此顺利，好兆头！希望之火在心中的某个角落熊熊燃烧起来，映照了他的整个心空。

在等候引见的这些日子里，李白先后游览了曲江池、大慈恩寺、大雁塔、太极宫、大明宫等多处胜迹。

曲江池，兴于秦汉，盛于隋唐。秦代曲江，还是一片天然池沼，称为隑洲，建有宜春宫。汉武帝时因其水波浩渺，池岸曲折，形似广陵之江，遂取名为"曲江"。

现在的曲江两岸，宫殿连绵，楼阁起伏，垂柳如云，花色人影，景色绮丽。贵族仕女，车马侍从，樽壶酒浆，笙歌画舫。每年的"上巳"（三月初三）和"中元"（七月十五日）两个节日，贵族们在这里举行集会饮宴，城内外的人们从四方赶来看热闹，形成一年两度的盛会，唐明皇每年两次在此宴会群臣。

此外，在春天进士发榜的时节，长安城处处春风拂面，百花盛开。尤其那曲江池畔，更是成了"酒后人倒狂，花时天似醉；三春车马客，一代繁华地"。那些进士考试及第后，成群结伴到曲江大摆宴席，饮酒作乐。此即为"曲江流饮"，是长安八景之一。

曲江不远处便是有名的大慈恩寺和大雁塔，大慈恩寺是唐高宗即位前为其母文德皇后所建的一所愿寺。唐永徽三年（公元652年），玄奘为保存由天竺国带回长安的经卷佛像，主持修建了这座佛塔。

登上大雁塔顶，盛世长安尽收眼底。初唐诗人骆宾王就有诗叹曰：

"山河千里国，城阙九重门。不睹皇居壮，安知天子尊。"

大雁塔之下立着许多石碑，碑上密密麻麻刻着历年及第进士的姓名。当时但凡进士及第，都能享受皇帝赏赐的三个荣耀：一是瞻仰"大内"，二是曲江赐宴，三是雁塔题名。新科进士们，一起在曲江、杏园游宴后，登临大雁塔，并题名塔壁留念。

白居易在长安得中进士后，在塔壁上写下了那句著名的"慈恩塔下题名处，十七人中最少年"。心情是何等的意纵天高，真是少年得志意汪洋，乐天翰林员外郎啊！

那位屡举进士不第，等到得第时已白发苍苍的鲁人刘沧更是豪迈地题壁："及第新春选胜游，杏园初宴曲江头；紫毫粉壁题仙籍，柳色箫声拂玉楼。"竟然把自己考取功名在雁塔题名与录入仙籍相提并论，甚至是宁取功名，也不羡仙了。

连续两次落第，凭借"慈母手中线""临行密密缝"的激励，第三次终于考中却年近50的孟郊，不禁心花怒放，喜不自胜："昔日龌龊不足夸，今朝放荡思无涯。春风得意马蹄疾，一日看尽长安花。"人逢喜事精神爽，诗人神采尽飞扬。考取了功名的孟郊，一扫以往那种生活上的困顿和心情上的阴霾，迎着骀荡春风，策马奔驰于鲜花烂漫的长安道上。思绪无涯，天宇高远，大道平阔；马蹄轻脆生风，偌大一座长安城，春花无数，都被他一日看遍。人生得意酣畅如此，夫复何求？此前两次落第的"晓月难为光，愁人难为肠。谁言春物荣，独见花上霜"和"一夕九起嗟，梦短不到家。两度长安陌，空将泪见花"的哀叹，早已跑到了九霄云外！

李白虽也是满腹经纶，却偏偏走不了十载寒窗的科举之路，他看着大雁塔石碑上那一排排名字，眼里竟然有了一阵隐隐的刺痛，心里也是五味杂陈。

太极宫在长安城正面，又称"大内"。它的南门叫承天门。每逢国

第五回　灰白的心里很拥挤

家大典，如改元、大赦、阅兵、受俘等，皇帝都要登上承天门举行"外朝"。宫内有太极殿，是皇帝接见群臣，处理政事，举行"中朝"的地方。宫内还有两仪殿，是皇帝召见重要大臣，商谈机密，举行"内朝"的地方。

大明宫在长安城的东北，又称"东内"。它的南门叫丹凤门。宫内有含元殿、麟德殿、金銮殿。为太宗始建，高宗扩建，比原来的太极宫要更为高大雄伟，富丽堂皇。自高宗以后，皇帝的外朝、中朝、内朝都在大明宫这里举行了。

兴庆宫在大明宫的南面，又称"南内"。原是唐玄宗登基前的旧居，后来经过几度翻修扩建而成。唐明皇继位后的开元二年（公元714年）始，也经常在兴庆宫这里居住和听政。兴庆宫虽不如大明宫高大宏伟，但庭院之盛有过之而无不及。它的勤政务本楼紧靠着春明门大街，皇帝生日千秋节与民同乐的欢庆就在这里举行。

李白远远地眺望着这些巍峨宫殿，虽然身体被那高高的宫墙所阻隔，但他的心却已经展开了腾飞的翅膀，翩翩飞入了堂皇的金銮殿内。他仿佛看见自己正在朝堂之上与文武百官们纵论天下大事，在皇帝的御桌之旁跟天子共图千秋伟业。以天下为己任，为明主分忧，为苍生谋福业的宏伟抱负就要实现了。

贵人总难觅

光禄卿许辅乾在朝中的实力果然不是盖的，也确实没有让李白失望，他这一次准备给李白介绍的可是一位家住长安城长乐坊、当朝举足轻重的大人物。正是时任集贤院学士、尚书右丞相张说。这位张丞相可称得上是有能力、有脾气、有个性之人，是位身经百战、见多识广的大人物。当年突厥降将康待宾勾结党项联合叛乱，一下子攻陷了兰池六州，是他亲自率军出马平乱,打败了敌军。后来他又提出了裁撤边境镇军的建议和整顿府兵的解决方案,而且还倡议并促成了唐玄宗泰山的封禅大典。张大人在仕途上几经沉浮,先后做过相州刺史、岳州刺史、兵部尚书、中书令,曾三次拜相,是开元中期权倾朝野的股肱之臣。更让李白对张说报以极大希望的是,这位张大人在文学方面也很有几把刷子。他号称"燕许大手笔",执掌文坛30年,是开元前期的一代文宗,与许国公苏颋齐名。这样的人,必然能识才、惜才、纳才的呀!

可惜,正应了好事多磨的那句老话了。李白美好的愿望,又遇到了意外。当时这位花甲之年的老丞相正在病中,便嘱托他的二儿子张垍接待了李白。更令人沮丧的是张丞相病重难治,还没过年就驾鹤西去了。又是一种命运弄人、功败垂成的惆怅,只能寄希望于张丞相的二儿子张垍了!李白叹息道。

老子英雄儿好汉,张说三个儿子都能诗善词,且都在朝为官,长子张均,官至大理卿。次子张垍为三品卫尉卿。三子张俶,曾任给事中。尤其是这个二儿子张垍,面如冠玉,唇红齿白,言谈举止间是一种温文尔雅的贵族气质,他除了任翰林学士外还官至三品卫尉卿,而且娶了宁亲公主,是深得皇帝喜爱的驸马爷。

这位驸马爷如果肯帮忙的话,李白的梦想就可轻松实现啦!然而,当李白在终南山谒见了正在别墅里守着丁忧的张垍时,张垍表现得完全是一种敷衍和淡漠。但表面上却一本正经地说道:"当今圣上,求贤若渴;家父爱才,素有令名。兄长之事,小弟自当尽力。"

李白正想将自己的抱负、学业和诗文跟他从头说起,张垍却推辞说先看看他的行卷再定。"兄长不远千里而来,想必鞍马劳顿,权且休息几日,等候佳音吧!"说罢,示意家人送客。李白也只好起身告辞,悻悻而去。

一日复一日,日日无音讯。李白的希望之光,如奄奄烛火行将熄灭了。

第五回　灰白的心里很拥挤

这时，秋天萧瑟的风阵阵袭来，让人寒意顿生。难道那句"有种思念叫望穿秋水，有种寒冷叫忘穿秋裤"说的就是我吧，李白自嘲道。长安城宽阔的街道，满地的落叶被西风吹得飒飒作响，街上的行人更加稀少了。

夕阳西坠，黑夜降临。阶下传来蟋蟀单调的"唧唧"声，让人心烦，让人辗转反侧，难以入眠。他想起了临走时妻子和岳父那种殷殷期待的眼神，那是多么热切啊！他想起了他的《别匡山》一诗："莫怪无心恋清境，已将书剑许明时。"那时离开家乡是多么义无反顾，一往无前啊！想起了来长安之前给裴长史夸下的海口："何王公大人之门，不可以弹长剑乎。"是多么豪情万丈，掷地有声啊！想起心中向往的长安，是多么金碧辉煌，巍峨雄伟啊！他一直仰望和无限崇敬的圣主，他雄心壮志赖以实现的明君，虽近在咫尺，却远隔天涯。真是"君之堂兮千里远，君之门兮九重闳"啊！

说好的求贤若渴呢？说好济苍生的理想呢？说好的人生有无限希望呢？

一天，那位亲爱的驸马爷的突然到来给他带来了利好的消息。

驸马爷告诉他，按常规的卿相推荐的程序比较复杂，时间太长，规矩太多。不如去走一条捷径，可让你前程无忧，直达天听，这样你不就可一飞冲天了吗？此乃兄弟专门为你量身定制的款式呀，你看如何？

善哉，善哉，如此甚好，正合吾意呀！请驸马爷明示这条路该如何走呢，靠不靠谱呀？

那当然靠谱啦！皇上有个亲妹妹，也就是我的姑姑，叫玉真公主，跟你一样同奉道教，十年前就出家修行了。皇上除了在城里给她修了一座玉真观，还在终南山楼观台专门给她修了一座玉真别馆，那可是山清水秀的洞天福地呀。公主爱谈论老庄和诗文，以前王维就是以音乐和诗文给公主留下了极好的印象而金榜题名的。你与她不仅道相同，而且你的诗文又卓著,公主一高兴,即日奏知圣上,你何愁不能平步青云呢?

我那好哥们元丹丘也跟我提到过玉真公主,他还说要和吴筠道士一起向公主引荐我呢。如此说来,这不都说到了关键的同一个人了嘛,这简直就是异曲同工。

秋高气爽,枫叶红黄。出了长安城正西的金光门,在去往终南山楼观台的路上,有一个人正信心满满,意气风发地前行。

人生往往就是这样,希望就是人的整个生命,淡漠就是半个死亡。有时候,在你以为的希望里,却会让你陷入更深的绝望;当你以为陷入无尽的绝望时,在另一个拐角却长出了漫山遍野的希望。

李白的希望,就在不远的前方——终南山!

终南也无捷径

有一个典故叫"终南捷径",典出《新唐书·卢藏用传》。有一个叫卢藏用的人想入朝为官,苦于无人知晓和推荐,便采取了"以隐求仕"的"曲线救己"之道。他隐居在京城长安附近的终南山,借此博得名声,终于达到了做官的目的。

卢藏用,字子潜,幽州范阳人。范阳卢氏,自南北朝以来便是北方赫赫有名的高门大族。小卢的老爹卢璥当过魏州长史,所以,小卢不仅是"官二代",而且还是天下有名的文学青年。他精通琴、棋、书法,人称"多能之士"。因此,凭小卢的能力很容易就考上了进士。

此时,一件奇怪的事情发生了,与他同时通过科举考试的人都收到了通知,唯独他却还赋闲在家。难道是朝廷的人事部门将他遗忘了吗?于是,小卢就写了一篇《芳草赋》来表达自己郁闷的心情,顺便也大发了一通自己满腹的牢骚。

第五回　灰白的心里很拥挤

发完牢骚后，小卢本着"搞事情"的原则，就决定去长安附近的终南山当隐士。其实，他的想法非常简单，他就是想吸引一下当权者的眼球。一个学富五车的进士跑到深山去做隐士，这事情放在哪朝哪代都是一个爆炸性的新闻。

演戏就得逼真！第二天一早，小卢便收拾好包裹去了终南山，他不仅亲自动手搭建了茅屋，还开垦了一块荒地。甚至换上了精心制作的道袍，以便让自己看上去真有那么一股子隐士的仙气。

有了仙气还不够，还得让人知道呀！紧接着，小卢开始四处游历，还得带上印有"大唐道教协会会员，终南山进士级隐士"的名片，到处结交各界有名人士。

可人算不如天算！武则天这时登基了，将大唐的国号改为了大周。因为众所周知的原因，武则天不喜欢待在长安总部办公，她觉得在洛阳生活和工作心情舒坦，是无拘束蛮惬意蛮自在的那种。至少没有了在长安时心里总是有点膈应的惶惶然。

小卢得知消息后，心中又重新打起了小算盘，自己要想进入官场，必须得在皇帝眼皮底下弄出点动静来才行，并且响声越大越好。于是，他果断搬家，从终南山搬到了离洛阳很近的嵩山。此时，各界人士终于明白了小卢的那点小心思：小卢这是醉翁之意不在酒，在乎朝堂之官也！于是，大家就赠送给他一个"随驾隐士"的称号。

还别说，小卢的影响力还就真给搞起来了。武皇登基后，想在朝廷中培养一批官员。很快，女皇就知道了小卢的存在，将其召进宫中，给他封了一个左拾遗的官职。虽然官职比较小，只有八品，但毕竟两只脚迈入了紫禁城的门槛，而且跟皇帝离得近呀。

两年过后，小卢如同坐上了直升机，升官的速度堪比狗撵兔子的速度。这时，他已经成了吏部侍郎。但这时候，小卢也差不多成老卢了。

老卢如愿以偿地做了官，并且还是高管，却把自己的人格缺陷暴露出来了。他在官场上是个烂好人，做吏部侍郎时，面对各路权贵跑官要官，没有一点杀伐果断之气，对权贵也有点卑躬屈膝。史书中说他"趑趄诡佞，专事权贵，奢靡淫纵"。这指责可是相当地不留情面啊！

他们在指责完老卢后，竟然还要打他的脸才解气："唉，你老卢当年在山中待着好好的，干嘛要出山毁掉自己的名节呀？你这不是假正经吗！"再后来，唐明皇亲政后以老卢曾经拍过太平公主的马屁为由，将他安排到离终南山远远的广东岭南去吃荔枝，让他边吃荔枝边反思。不久又改任黔州都督府长史兼判都督事。不知是被岭南的瘴气给熏出病来了还是荔枝吃撑的缘故，老卢在50岁那年就挂了。

当年，同样是在山中当道士的隐士司马承祯大师在长安混了几年后，最后还是决定重返终南山。临行时，老卢指着云遮雾罩的终南山对司马承祯说："此中有嘉处，山里面风景美得很，夏天特别凉快，大师您到那儿好好享受吧！"这司马大师可不是省油的灯，是见过大世面的。他语带讽刺地怼道："在贫道看来，山里的风景和夏天的凉爽倒可忽略，重要的是那山中有一条通往官场的捷径。"这一句话，怼得老卢不仅无话可说，而且还怼出了一个成语叫终南捷径。

不过，虽然老卢因攀附权贵在官德上得了个差评，但做人却很厚道。他跟陈子昂、赵贞固是莫逆之交，陈、赵二人早死之后，妻小都靠他照顾着。陈子昂的文集隆重出版时，他还给写了一篇热情洋溢的序言呢。

李白对卢藏用在终南山能找到做官的方法和捷径也是非常钦佩和向往的，希望借老卢开辟的这条终南捷径直达天听。于是，他便在玉真公主别馆里安营扎寨，就等着公主驾临，以表心中款曲。

等了一天，两天，三天，十天，半个月，等到的却是一场连绵的阴雨。等得好心烦！感觉很不爽，就给张垍写信，并作了《玉真公主别馆苦雨赠卫尉张卿二首（一）》："空烟迷雨色，萧飒望中来。翳翳昏垫苦，沉

第五回　灰白的心里很拥挤

沉忧恨催。"他说，我在这里死守着，都快一个月了。雨下个不停，心情很苦闷很寂寞，天气很迷离很阴冷，咋办呀，兄弟？信寄出去的结果是，没有回音。驸马爷骑着白马好像出去玩了！

继续等待，耐心地学姜太公吧！又一个月过去了，眼看是内无粮草，外无救兵，恨不得就要学诸葛亮唱空城计了。只好再给张垍写信，又写了《玉真公主别馆苦雨赠卫尉张卿二首（二）》，直接就发开了脾气："苦雨思白日，浮云何由卷……厨灶无青烟，刀机生绿藓。"我这里成天连绵阴雨，总是冰锅冷灶的，切菜刀具家什等都发霉生锈了。实在是山穷水尽了，兄弟，你该出手时就出手呀！结果呢，这一次更是杳无音信。这驸马爷骑着白马真的走远了。李白只好将身上的衣物典当抵押换点路费，懊恼地回到长安，并厚着脸面向许辅乾借资惨淡度日。

李白心想，终南捷径的这条官场通道，看来不是人人都能通达的，只有那卢藏用能用、能行得通啊。小卢他爸真会给儿子取名字呀，叫卢藏用！行走官场的秘籍和捷径只有他小卢一个人藏着、用着，竟然还屡试不爽。而我那老爸文化水平真不咋地，取什么名字不好，却给取了个名字李白！结果都是白费功夫，白忙乎，白白的一场空欢喜。

李白失望的心情又到了极点，为什么一次又一次的希望最后总是化为泡影？

行路难，归去来

面对失败和无助，李白最难过的不是我不行，而是我本可以。

他对张垍的避而不见深感失望和愤懑，这么一个温文尔雅的君子当初说的那些为兄弟两肋插刀的豪言壮语如同冬日的树叶，已经泛黄、飘零、干枯，最终被路人踏入了泥土。

接下来的几天，李白决定干脆给自己放假。什么都不想，什么人都不见。到了这种境地，可以相见可以倾诉的人竟然就没有一个。偌大的京城，举目无亲啊！唉，干脆去朋友的叔父邠州（今彬县）长史李粲那里碰碰运气，还可顺路去登一下太白山。

后来，一首游仙诗《古风·太白何苍苍》记述了他此刻的心情。他说在太白山上，遇见了一位仙风道骨的真人。真人给他传授了炼丹秘诀，这使他五内俱热。他决心从此一心炼丹，修成正果，永别人间：

> 太白何苍苍，星辰上森列。
> 去天三百里，邈尔与世绝。
> 中有绿发翁，披云卧松雪。
> 不笑亦不语，冥栖在岩穴。
> 我来逢真人，长跪问宝诀。
> 粲然启玉齿，授以炼药说。
> 铭骨传其语，竦身已电灭。
> 仰望不可及，苍然五情热。
> 吾将营丹砂，永与世人别。

每当李白受到大的挫败后，再加上酒精的刺激，便有了强烈的出世欲望，便想去一个灿烂的仙境，来疗伤平衡情绪。等过了一段时间后，那浓浓的挥之不去的入世愿望和情节又召唤他回到了现实。这样，愿望和现实之间就会产生落差和负压。这种落差和负压又会变成沉郁心底的凄切和呼号悲鸣的幽咽，甚至是波涛夜惊、龙吟虎啸的呐喊：

"这太白山郁郁葱葱，高耸入云，繁星在它的头顶森然排列。距离天空也只有三百里地，邈然与人世间隔绝。山中居住着一位绿色头发的老翁，身披白云朵，卧在古松的白雪上面。不笑不语，默默然然，在幽暗的洞穴中冥想。我来太白山，有幸遇到了这位真人，我长时间地跪在他的面前，恳切地请求授予修仙的宝诀。不笑不语的他，粲然大笑，露出了满口

第五回　灰白的心里很拥挤

的白牙，亲自授予了我如何炼丹药的宝贵口诀。我刻骨铭心地牢记下他的秘诀以后，他就如同闪电一样快速地消失了。一种可望而不可即的心绪在我的脑海中荡漾不平。那真是打翻了调味品柜，酸甜苦辣味味齐全。从现在开始，我要依照他的宝诀炼仙丹妙药，远离世界，远离人群。"

他决心炼丹，远离世界，远离人群，其实是他对现实的不满和不平，企求自己的身心要在虚幻的世界里得到圆满、得到解脱。

夜里醒来，是早晨；山上下来，是大路。游完了太白山，李白还是去邠州见了长史李粲。李大人果然好客，正需要李白这样在大宴宾客的宴席上即兴挥毫的文人。住了两个月后，李白对叨居末座地奉陪别人饮酒赋诗又感到了厌倦。虽然有吃有喝，但总不是个长久之计，何况主人的脸色也不似初来之时那么好看了。于是，就提出了辞别之意。李白便写了一首《邠歌行》给李粲，抒写了自己羁旅窘境，希望李大人加以提携，看能否帮忙找个落脚之地："寒灰寂寞凭谁暖，落叶飘扬何处归……"李长史心里说，让你陪着玩玩，大家图个高兴，你却要我"凭谁暖""何处归"，你咋这么多事？赶紧顺水推舟地介绍他去黄帝陵附近的坊州。

坊州的王司马是州里主管军事的官员，他对李白的到来倒也热情，介绍他和从长安来做客的阎正字认识，一起登高饮酒，对雪赋诗。在后来的一次酒宴上，李白就写了一首《酬王司马阎正字对雪见赠》，又以急迫的心情表露出希望王司马能举荐的意思："主人苍生望，假我青云翼。风水如见资，投竿佐皇极。"王司马以为他不过是想多要几个盘缠资费而已，便按当时的规矩加倍相赠。李白心想，我又不是乞丐，让你帮忙找工作的，你怎么就不懂呀！本该谢绝厚礼，怎奈囊中羞涩，已无底气推辞。只好又补充一首《留别王司马嵩》："鲁连卖谈笑，岂是顾千金？陶朱虽相越，本有五湖心……西来何所为，孤剑托知音。鸟爱碧山远，鱼游沧海深。呼鹰过上蔡，卖畚向嵩岑。他日闲相访，丘中有素琴。"兄弟呀，我这次西行长安就是来寻求知音，想被举荐入朝廷，辅佐明主，然后功成身退的。既然知音不遇,那我只好学李斯微贱时的呼鹰逐兔,以打猎为生了;或者像王猛少时那样,以卖畚箕为业了。你们都不赏识我、举荐我,看来我只能打道回府了。

这样,李白的初入长安之行,就以失败而告终了。

李白想想心里真是憋屈,我生逢盛世,为什么这么倒霉呢?为什么凌烟阁的二十四个功臣里,我就不能成为第二十五个呢?为什么"生儿不用识文字,斗鸡走马胜读书"?为什么"山河千里国,城阙九重门"?为什么长安大路虽宽,我却是寸步难行?为什么?李白心中郁结了一连串无数的问号,如果这些问号能用来当地板砖铺路的话,一定是很宽,很长。

残酷的现实里,他感觉人生的路特别难走,甚至是已经无路可走。于是,一首《行路难》就又喷薄而出了:

> 大道如青天,我独不得出。
> 羞逐长安社中儿,赤鸡白雉赌梨栗。
> 弹剑作歌奏苦声,曳裾王门不称情。
> 淮阴市井笑韩信,汉朝公卿忌贾生。
> 君不见昔时燕家重郭隗,拥篲折节无嫌猜。
> 剧辛乐毅感恩分,输肝剖胆效英才。
> 昭王白骨萦蔓草,谁人更扫黄金台?
> 行路难,归去来!

"大道如青天,我独不得出"破空而来的这一声呐喊,是振聋发聩的一声诘问。是郁郁不得志的苦闷啊!月下独酌,醉极弹歌,如何能消解?从安陆到长安,一路都是坎坷与挫折,当年"何王公大人之门,不可以弹长剑乎"的豪情已被消磨殆尽,如今只能是"弹剑作歌奏苦声,曳裾王门不称情"了!

第五回　灰白的心里很拥挤

想当年韩信在淮阴时，与市井无赖发生争执，蒙受胯下之辱，又岂知日后会封侯拜将？西汉的贾谊文才出众，却受大臣周勃、灌婴的排挤，谪为长沙王的太傅。战国时期燕国大臣郭隗以古人千金买骨为例，使昭王广纳社会贤才，建筑"黄金台"。昭王此举天下震动，乐毅、邹衍、剧辛及其他仁人志士皆来归附燕国，燕国因此日渐强盛。

李白想起这些乱世中翻云覆雨，盛世中安邦定国的豪杰，无论出身如何，最终都得到了赏识，达成了所愿。而自己近在天子脚下，为何始终被那宫墙拦阻在外？唉，罢了罢了，燕昭王作古已千年，世间恐怕再难遇到他那样爱惜人才的明主了。

我李白何等人物，虽羞与长安无赖小儿为伍，弹剑王门却又难遇知音，我心有不甘哪！当年燕昭王筑黄金台礼遇郭隗，引来剧辛、乐毅感恩投效，如今昭王已成白骨一堆，谁还会来再扫黄金台呀？谁还会再筑黄金台呢？

没有人能够回答他，李白只能无奈地高呼一声："行路难，归去来！"李白便只有怀着壮志未酬的失意离开了长安。

大漠公叹曰：

> 贵人难觅时运黯，终南捷径雾里看。
> 前路还愁无知己，南墙悲呼行路难！

这次长安之行又是一段人生难料的逆旅，李白怀着无比落寞和惆怅的心情离开长安回家之后，孰料前面又有一个劫难在等着他。他又将何去何从？他是否会从此一蹶不振？欲知详情如何，且听下回分解！

第六回

不明不白的焦躁

对于一个骁勇善战的斗士而言，真正残忍的不是在战场上被人斩于马下，而是连冲锋陷阵的刀剑和战马都没有；对于一个想建功立业的英雄而言，真正的痛苦不是没有冲锋陷阵的刀剑和战马，而是连与敌军一决雌雄的战场都没有。

黄河咆哮，洪波滔滔。一叶浮舟，向东飘摇。

回家的脚步啊，为何如此沉重，如此迟缓？回家的心情啊，为何如此忐忑，如此愧疚？

既然近乡情更怯，不敢见家人，那就中途去商丘的梁园凭吊一下汉代的梁孝王和司马相如吧！李白在心里又给自己做了新的行程规划。

梁园虽好，却非久留之地

据史料记载，梁园曾是西汉梁孝王刘武的封地，梁孝王刘武是汉高祖刘邦之孙，汉文帝之子，汉景帝的弟弟。因他仁慈孝顺，死后被追封为孝王，后人称为梁孝王。景帝三年（公元前154年），梁孝王刘武在平定七国之乱中，为保卫皇室立下了大功，再加之母亲窦太后的宠爱，所受赏赐无数，封疆于大梁。梁国当时富足强盛，为诸侯国之首，府库的金钱、珠玉、宝器比京师还多。梁王在睢阳城东北建了一座梁园离宫，规模宏大，耗资甚巨。《史记·梁孝王世家》言梁园"方三百余里"，是集离宫、亭台、山水、奇花异草、珍禽异兽、陵园为一体的多功能的苑囿。

梁孝王爱才，喜风雅，常重金高位招揽天下人才。他不仅对早有才名者如此，对那些默默无闻的无名小卒，一旦听说有才志，也必定慷慨相助。一时间，"豪俊之士麇集"。许多人甚至辞去朝廷及其他诸侯国的官职要到梁园"从梁王游"。西汉著名的辞赋家枚乘原为吴王刘濞的门下，曾力劝吴王不要谋反，吴王不听。他怕报复，又久慕梁孝王及梁园之名，遂奔梁国。吴王发动"七国之乱"后，枚乘再谏吴王，力阻谋反，虽没起

第六回　不明不白的焦躁

什么作用，枚乘却因此名震天下。"七国之乱"平定后，汉景帝把枚乘召至朝中，拜为弘农都尉。而枚乘不愿在朝为官，怀念梁园中的优游生活，遂托病辞官，仍回梁国做梁孝王的文学侍从。枚乘以游谈之士而为文学大家，其所作的《谏吴王书》《七发》《梁王菟园赋》等充分显现了腴辞云构、夸丽风骇的散体汉赋的特点，从而成为梁园及整个西汉文坛的领军人物之一。

与枚乘殊途同归的还有司马相如，他先在朝中任汉景帝的武骑常侍。景帝文治武功皆了得，独独不太喜欢辞赋。"上有所好，下必甚焉。"既然汉景帝对辞赋不感兴趣，司马相如就感觉自己有点怀才不遇。后来听说梁孝王惜士爱才，于是就称病打了辞职报告，也到梁国追随孝王来了。司马相如年少时好读书，决心以赵国著名政治家蔺相如为榜样，成就一番大事业。司马相如客居梁国数年，给梁园留下了《子虚赋》，后又作了《上林赋》呈献给汉武帝。武帝嘉许，拜为郎，不久又迁为孝文园令，并成为西汉中期最有成就的辞赋家。正因为有枚乘、司马相如等的加盟，形成了蔚为壮观的梁园作家群，也成就了梁园文化，使梁园辞赋开汉代大赋之先声。当然，梁园文化之所以能兴起和繁盛，梁孝王刘武起了举足轻重的作用，他是一个身体力行的组织者和倡导者。"三百里梁园"则成为这些文化人理想的驰墨骋怀的园地。

岁月轮回，昔日盛都早已遍历了人间盛衰荣辱，阅尽了沧海桑田巨变。多少繁华忆旧梦，唯剩颓垣掩衰草。司马相如在未遇汉武帝之前，还有梁孝王赏识他。我呢？连梁孝王这样的人也找不到！李白一想到自己无处可去，无家可归，不禁泪下沾衣。但转念又想，我现在不过才30岁出头，如果我像东晋谢安那样归卧东山、待时而起，也不算太晚呀！于是便乘兴写下了这首著名的《梁园吟》：

　　我浮黄河去京阙，挂席欲进波连山。
　　天长水阔厌远涉，访古始及平台间。
　　平台为客忧思多，对酒遂作梁园歌。

却忆蓬池阮公咏,因吟"渌水扬洪波"。

洪波浩荡迷旧国,路远西归安可得?

人生达命岂暇愁,且饮美酒登高楼。

平头奴子摇大扇,五月不热疑清秋。

玉盘杨梅为君设,吴盐如花皎白雪。

持盐把酒但饮之,莫学夷齐事高洁。

昔人豪贵信陵君,今人耕种信陵坟。

荒城虚照碧山月,古木尽入苍梧云。

梁王宫阙今安在?枚马先归不相待。

舞影歌声散绿池,空余汴水东流海。

沉吟此事泪满衣,黄金买醉未能归。

连呼五白行六博,分曹赌酒酣驰晖。

歌且谣,意方远。

东山高卧时起来,欲济苍生未应晚。

李白在《梁园吟》里这样即兴地表白道:我离开了京城,从黄河上乘船而下,船上挂起了风帆,大河中波涛汹涌,状如山脉起伏。航程长,水遥阔,饱尝远游之辛苦,才终于到达宋州的平台,这是古梁园的遗迹。在平台做客依然愁思不断,对酒高歌,即兴来一首《梁园歌》。又感阮籍《咏怀》"徘徊蓬池上"之诗,念及"渌水扬洪波"之句,深感长安与梁园隔着千山万水,道路迢迢,想再重返西京道路何其漫长!

人各有命,天命难违,必须豁达,不必忧愁,且登高楼边赏风景边饮美酒吧。身旁有平头奴子摇着扇子,炎热的五月就如同十月清秋一样凉爽。侍女为你端上盛满杨梅的玉盘,再为你端上花皎如雪的吴盐。蘸白盐饮美酒,人生不得意也要尽欢,别学周朝的夷齐品行高洁,不食周粟。以前这附近有个潇洒豪勇的主人名叫信陵君,如今他的坟地却被人耕种,可见权力风流是空。你看现今这梁园,月光虚照,院墙颓败,青山暮暮,只

第六回 不明不白的焦躁

有古木参天，飘挂流云。当年豪奢的梁园宫阙早已不复存在，当年风流倜傥的枚乘、司马相如哪去了？当年的舞影歌声哪去了？均付池中绿水，只剩下汴水日夜东流到海不复回。吟到这里，我不由得泪洒衣襟，未能归得长安，只好以黄金买醉。或呼白喊黑，一掷千金；待分曹赌酒，以遣时日。

我且歌且谣，暂且做一回隐士，但仍寄希望于将来。就像当年谢安东山高卧一样，一旦等到时机来临，再起来大济苍生，那时犹未为晚也。

李白内心痛苦的主观原因还是来自对功业的向往和追求，在这种状态下，他的诗意反倒像汹涌的波涛那般激越奔腾起来。他极目远眺，心潮涌动，想那曾经豪奢一时的魏国公子无忌，今日却已丘墓荒草；一代名王梁孝王，如今宫室也成残痕；当年的座上宾枚乘和风流倜傥的司马相如也已作古，不见踪影。风流总被雨打风吹去，一切都不耐时间的洗涤与冲刷。既然世间的一切都将烟消云散，那些浮名和功业又有什么值得留恋呢？

好吧，酒也喝了，感慨也发了，该继续赶路了。当年司马相如在当了几年不愁吃喝的食客后，又觉得不那么美好了，不也同样发出了"梁园虽好，不是久恋之家"的叹息吗？路难走，必须走。家难回，也得回！

于是，李白继续向东，一路由嵩山、龙门、洛阳向安陆而去。

十年生死两茫茫

开元二十年（公元 732 年）的秋天，李白才回到安陆的家中。

在去长安的三年里，李白给妻子只写过一封信，信里附了一首诗《赠内》："三百六十日，日日醉如泥。虽为李白妇，何异太常妻。"诗里是满满的对妻子的愧疚和讨好：在一年的 360 天里，我几乎天天都是喝酒贪杯、烂醉如泥，家里什么忙都没有帮上，反而给你添了很多的乱啊。你虽然成了我的妻子，但我觉得你和汉朝那个不顾家的太常卿周泽的妻子一样含辛茹苦。每当想到这些，我心里就很愧疚，觉得很对不起你！希望你再给我一点时间,我会尽快处理和规划好个人的职业生涯的,相信我吧。

离家的三个年头中,家里发生了不小的变化。岳父许员外已于上年去世,妻子也忧伤成病。尤其可憎的是,许员外已故的胞兄之子许大郎不等员外丧期满,就闹着要分家,等着霸占良田。李白夫妇不愿为这些事吵架闹仗打官司,只带着妻子的陪奁和许员外的藏书,迁居到城西居住。

李白迁居城西前,妻子就已经给他生了个女儿,那天正值皓月当空,银光满地。李白就给她取了小名,叫明月奴。

在生产力低下的古代,即使位居社会上层的贵族官僚,也时常面临孩子疾病死亡的威胁。为了给孩子祈求一个顺遂的命运,常给孩子起一个贱名,想以此不引起阎王的注意。所以有的小孩小名叫阿狗、有的叫阿猫。虽然土气,但好养,就是希望孩子可以平平安安地长大。而代表卑贱之意的"奴"字,就成为古人最为中意的小名。

人贵名贱的"奴"字最兴盛的时期,是两晋南北朝以至隋唐五代。在西晋时期,石苞曾出任过东莱太守、琅琊太守。在他任职青州时,其幼子石崇降生。为了纪念自己的山东岁月,石苞特意为儿子起名齐奴。西晋建威将军桓嗣取名豹奴,东晋书法家王献之小名官奴,权臣吴敦小名黯奴。南朝宋武帝刘裕因小时候寄养在姨娘家所以小名叫寄奴,陈后主陈叔宝小名黄奴。北魏的李诉小名真奴、高佑小名次奴。北周的王庆小名公奴。北朝的卢思道小名释奴。唐高宗李治小名雉奴,南唐后主李煜小名彭奴。宰相李林甫小名哥奴,等等。李白给女儿取的名字里也带个"奴"字,并不是想追赶什么时代的风口,而仅仅是期望女儿能健康平安地成长。

孩子的出生给李白的生活带来一些新的乐趣,也给他带来不小的思想压力。自己已经做父亲了,但还是一点出息都没有,心里惭愧呀!且不说济苍生、安社稷了,就连仰事双亲、担负妻子女儿的责任也没尽到。他感到深深的自责和内疚。我必须继续出去干谒、找寻工作的机会。

于是,他又去了襄阳找孟浩然,托他找人帮忙推荐。又与元丹丘

第六回　不明不白的焦躁

的堂弟元演渡过黄河，翻越太行山去太原，希望元演父亲这位太原的地方军事首长能把自己留在太原做个幕府。在听了元演父亲讲的一番苦衷后，他只好作罢。然后，就取道洛阳，到元丹丘的颍阳山盘桓逗留了很久。在老朋友这里，工作之事虽无进展，诗文创作却又绽放了新枝——《将进酒》：

　　君不见，黄河之水天上来，奔流到海不复回。
　　君不见，高堂明镜悲白发，朝如青丝暮成雪。
　　　人生得意须尽欢，莫使金樽空对月。
　　　天生我材必有用，千金散尽还复来。
　　　烹羊宰牛且为乐，会须一饮三百杯。
　　　岑夫子，丹丘生，将进酒，杯莫停。
　　　与君歌一曲，请君为我倾耳听。
　　　钟鼓馔玉不足贵，但愿长醉不复醒。
　　　古来圣贤皆寂寞，惟有饮者留其名。
　　　陈王昔时宴平乐，斗酒十千恣欢谑。
　　　主人何为言少钱，径须沽取对君酌。
　　五花马，千金裘，呼儿将出换美酒，与尔同销万古愁。

看来这岑夫子和元丹丘也是酒场里的练家子，喝酒的功夫是杠杠的，让李白每次喝得都很尽兴，以至于李白都不愿意放下酒杯，嘴里还念叨："不要让这酒杯空对明月"，"让我一次喝个够，三百杯也不算多"！他只希望醉生梦死而不愿清醒，他要用酒来消除这无穷无尽的万古长愁。

万古长愁未消去，却有新愁上心头。李白离家不过数月，妻子又给他生了个儿子，后取名为"伯禽"。妻子却因产后虚弱得了重病，不到半年，竟撒手人寰了。李白还没有从"无病一身轻，有子万事足"的高兴劲儿里走出来，倏然又跌入了痛苦的万丈深渊！妻子病逝时，他还在兖州任城心血来潮地向名将裴旻学剑术呢。

别以为这世上总有很多的来日方长，挥手之间都有可能变成苍苍茫茫。天长地久的一对爱情鸟原本在同一个屋檐下相互取暖，如今却阴阳两隔。妻子许氏的离去让李白悲痛不已，也许用三百年后他铁杆粉丝苏东坡的《江城子·乙卯正月二十日夜记梦》能表达其对许氏的追忆和痛惜：

> 十年生死两茫茫，不思量，自难忘。
>
> 千里孤坟，无处话凄凉。
>
> 纵使相逢应不识，尘满面，鬓如霜。
>
> 夜来幽梦忽还乡，小轩窗，正梳妆。
>
> 相顾无言，惟有泪千行。
>
> 料得年年肠断处，明月夜，短松冈。

她为他含辛茹苦了十年，她为他默默守候了十年。她用自己弱小的身躯为他撑起了一片家的天空，她用自己无悔的滋养为他哺育了一双儿女。而他，竟然使她白白地指望了一生；而他，竟然使她苦苦地空耗了一世！

李白在夜深人静的时候对妻子默念道，你的一生我只借了一程，虽没有花前月下，没有山盟海誓，但心灵却超越了时空，传递着遥远的我对你的叮咛。从今以后，我们会以另一种方式结伴同行，任思念的常春藤爬满我的心城，去越过远方的千山万水，去缀满彼此的星空。我决不让遥远的距离，荒芜那个我曾经对你精心描绘过的，也曾是我们共同的梦。

心烦就喝酒

世界上唯一不用努力就能得到的只有年龄，青春已逝，流年已至。三十而立，未立；四十不惑，也惑。李白对于"男人到了四十岁还一事无

第六回　不明不白的焦躁

成，就基本难成了"的说法，脊背处感觉到了一点阴冷和悲凉，甚至感到了莫名的孤独和恐惧。幸运的是，孤独的时候还有星月陪伴，恐惧的时候还能喝酒壮胆。

李白爱喝酒，世上美名有；他若不喝酒，月亮愁白头。于是，李白和酒在某种程度上就画上了等号。李白的一生离不开酒，他的大量诗篇都和酒有关。李白流传至今的1000多首诗中，单独写到饮酒的就达170多首。在李白看来，有酒才有诗，无诗酒不透，无酒诗难就。于是，才有他"浪迹天下，以诗酒自适，逍遥无比"的生活。

从传说中的杜康、仪狄酿酒起，酒作为一种日常饮品，就走上了中国历史的舞台。酒从最早用于古代官方祭祀即酒礼的属性，又以中国文化中礼的秩序走向了民间，渗透于生活，以至于达到精神层面的自由。从《诗经》起，关于酒的文学，有《周书·酒诰》，就连艰涩难懂的《周易·爻辞》中也有"鸣鹤在阴，其子和之，我有好爵，吾与尔靡之"的记载。后两句的意思是："我这里可有好酒的哟，我们共醉一场怎么样啊？"

酒和诗歌的因缘，还有酒是人们日常应酬常用品的缘故。文人独酌固然能助诗兴催诗情，集体欢饮更有助于彼此间的诗兴和诗情的交流。历代诗人因此才有大量的即兴酬酢之作，从屈原到建安三曹，从嵇康、阮籍、陶渊明，再到唐宋白居易、苏东坡、李清照等。然而，若推举出一个代表，只能是李白。

李白不仅是诗仙，也是酒仙，他无酒不成诗，有酒诗百篇。他对天发问："天若不爱酒，酒星不在天。"他对地豪言："地若不爱酒，地应无酒泉。"他对自己无愧："且须饮美酒，乘月醉高台。"李白曾悲叹行路难："欲渡黄河冰塞川，将登太行雪满山。"但若有美酒在手则又豪情万丈："长风破浪会有时，直挂云帆济沧海！"

黄酒的风味醇厚、鲜甜甘美、香气浓郁；白酒的芳香浓郁、绵柔甘洌、回味悠长。因而，李白的诗"酒"气冲天，久读欲醉：

花间一壶酒,独酌无相亲。	——《月下独酌四首·其一》
笑尽一杯酒,杀人都市中。	——《结客少年场行》
金樽清酒斗十千,玉盘珍羞直万钱。	——《行路难·其一》
兰陵美酒郁金香,玉碗盛来琥珀光。	——《客中行》
且乐生前一杯酒,何须身后千载名?	——《行路难·其三》
且就洞庭赊月色,将船买酒白云边。	——《游洞庭湖五首》
鲁酒不可醉,齐歌空复情。	——《沙丘城下寄杜甫》
酒后竞风采,三杯弄宝刀。	——《白马篇》
白酒新熟山中归,黄鸡啄黍秋正肥。	——《南陵别儿童入京》
白玉一杯酒,绿杨三月时。	——《赠钱征君少阳》
北斗酌美酒,劝龙各一觞。	——《短歌行》
呼童烹鸡酌白酒,儿女嬉笑牵人衣。	——《南陵别儿童入京》
笑杀陶渊明,不饮杯中酒。	——《嘲王历阳不肯饮酒》
对酒不肯饮,含情欲谁待。	——《对酒行》
君歌杨叛儿,妾劝新丰酒。	——《杨叛儿》
雉子班奏急管弦,倾心酒美尽玉碗。	——《雉朝飞》
何时更杯酒,再得论心胸。	——《魏郡别苏明府因北游》
鸊鶒换美酒,舞衣罢雕龙。	——《怨歌行》
畏落日月后,强欢歌与酒。	——《长歌行》
归来使酒气,未肯拜萧曹。	——《白马篇》
感之欲叹息,对酒还自倾。	——《春日醉起言志》
时来引山月,纵酒酣清晖。	——《赠秋浦柳少府》
称是秦时避世人,劝酒相欢不知老。	——《山人劝酒》

他坦言,酒中有真意,酒中有人生,酒中有乾坤。无酒的日子少诗兴,逸酒的日子心茫然。朋友相聚要有美酒:"我醉君复乐,陶然共忘机";人生得意要有美酒:"人生得意须尽欢,莫使金樽空对月";知己来访,喜

第六回　不明不白的焦躁

悦的分享要有美酒："烹羊宰牛且为乐，会须一饮三百杯"；人生短暂，愁多苦烦，更要有美酒："俱怀逸兴壮思飞，欲上青天揽明月"；激愤尘世时来一次自我麻醉，要有美酒："钟鼓馔玉不足贵，但愿长醉不复醒"；寂寞无言时欲与酒神对话，要有美酒："古来圣贤皆寂寞，唯有饮者留其名"；穷窘之境来一回宣泄，要有美酒："五花马，千金裘，呼儿将出换美酒，与尔同销万古愁。"

为何李白与酒，酒与李白，酒人合一，世间仅有？

一、以酒言志

李白的一生都在苦苦地追求某种理想的人生方式，儒、道、仙、侠，他都曾经尝试过。儒家的用世济时与道家的神游求仙，纵横家的汲汲于功名与侠士的不矜其功，高远的理想与残酷的现实，这一对对矛盾左右着他作为诗人的命运。也因此，诗人饮酒当歌，对抗命运，这种激烈的碰撞是惊心动魄的。

"天生我材必有用，千金散尽还复来"，是倾其旷达；"高歌取醉欲自慰，起舞落日争光辉"，是抒其逸兴；"扬天大笑出门去，我辈岂是蓬蒿人"，是扬其豪情；"乘风破浪会有时，直挂云帆济沧海"，是观其壮志。他幻想着有朝一日实现其"奋其所能，愿为辅弼"的雄心，建立"济苍生"的宏图伟业。而现实中，他却总是常常碰壁。他既不停地追求理想，又百折不挠地抗争，终老一生犹不消减。《赠钱征君少阳》："白玉一杯酒，绿杨三月时。春风余几日，两鬓各成丝。秉烛唯须饮，投竿也未迟。如逢渭川猎，犹可帝王师。"依然是表其雄志。"东山高卧时醒来，欲济苍生未为晚"，"空怀钓鳌心，从此别宫阙"，又是其壮心的呐喊。酒是他精神负压的解脱药，也是他幻灭后最好的安慰剂。

自始至终，他将壮志豪情和壮志未酬都溶于酒中，诉于诗中，并成为他那奋进的用世之心。

二、以酒遣愁

由于李白无法在现实中展示出自己高远的情志,他往往显得悲郁莫名,他在坎坷曲折中蹒跚而行,把酒当成了消愁的工具,在饮酒中寄托自己的无奈与忧伤。"举杯消愁愁更愁,抽刀断水水更流,人生在世不称意,明朝散发弄扁舟。"是愁之苦,愁之痛,愁之沉,愁之重。"白发三千丈,缘愁似个长?不知明镜里,何处得秋霜。"是愁绪里的无助,更是愁到深处的呻吟。"举杯邀明月,对影成三人。月既不解饮,影徒随我身。"是愁意正浓的落寞,是愁无可诉的孤寂。"五花马,千金裘,呼儿将出唤美酒,与尔同消万古愁。"是愁情的汪洋恣肆,是愁苦的无以名状。既然现实如此不堪,如此令人愤懑,那就用酒来麻痹和忘怀吧,就纵酒来消解内心的痛苦与挣扎吧。

三、以酒放旷

对诗歌来说,酒可以刺激神经,可以把诗人带入一种摈除世俗纷扰和功利烦扰的迷狂状态,可获得精神上的自由。这正是灵感爆发的契机,所谓"醉后乐无极,弥胜未醉时。动容皆是舞,出语总成诗"。李白诗中,豪放情怀常驻其间,虽然怀才不遇和人生如梦充斥其内心,但其处世态度仍然是豪放的,仍然是一种旷达的笔触。"三杯吐然诺,五岳倒为轻。眼花耳热后,意气素霓生。"是他在现实和理想之间挣扎时,举重若轻的奔放。"托交从剧孟,买醉入新丰。笑尽一杯酒,杀人入市中。"是他率真性格中,彰显出来的豪侠。"弓催南山虎,手接太行猱,酒后竞风采,三杯弄宝刀。"是欲彰显其济苍生、治天下的满腹经纶和盖世武功。"脱吾帽,向君笑。饮君酒,为君吟。张良未逐赤松去,桥边黄石知我心。"是欲表其出世之心的洒脱和急切。

李白的饮酒诗,无论是述志抒怀,揭露现实,表达行乐思想,寄托深沉哀愁,还是展示其豪放风采,寄寓浓浓友情,他都在字里行间贯穿了自己一贯的浪漫主义风格。虽然李白"痛饮狂歌空度日,飞扬跋扈为谁雄"

第六回　不明不白的焦躁

是对世道的一种消极反抗,但他以其惊人的才华,将其"大济天下苍生"的情怀,以及怀才不遇的悲愤交融在一起,"思接千载""视通万里"。

李白的一生是矛盾的。李白从小抱有"辅弼天下"的志向,但一直不得志。他把时代投射的假相当作真实的感觉,并以为可在这种环境中去实现自己的理想。

李白的一生又是浪漫的。他张扬自我,豪放不羁,洒脱乐观,如一位飘逸不群的仙子出于浊世而不染。无论有几多矛盾几度挫折,他仍有着"天生我材必有用"的豁达,等待着"大鹏飞兮振八裔"。享受长安城的锦绣繁华要以摧眉折腰为代价,这不是诗人想要的快乐老家,人生在世不如意,索性归去,乘一叶扁舟。

矛盾与浪漫,使李白爱酒成为必然。在矛盾中坚持浪漫,以浪漫去对抗矛盾,这种激烈的碰撞是惊心动魄的,诗人可以在酒的世界里忘记伤痛,得到片刻放松。

因为李白浪漫,所以他的饮酒诗句中总洋溢着劝饮行乐,开朗乐观的情调。可铁的现实总无法成就浪漫的理想,不痛苦是不可能的。

酒对李白而言可以宣泄情感,浇去心中的块垒,起到"移情"之效;酒趋阳刚,让人沉醉超脱出世。他在清醒的时候往往难于摆脱世俗的得失厉害,因而创造力必然受到束缚压抑。酒酣耳热时则容易实现心灵的解脱、精神的超越。他敢说敢写,敢哭敢笑,任情放纵,无所顾忌,创造力由此获得解放。从"听天由命"到"形而上的慰藉",作为本体的生命意志的性质变了,由盲目挣扎的消极力量变成了生生不息的创造力量。所以,李白就成了诗仙和酒仙。

有酒学仙,无酒学佛。所以,酒便成就了李白的仙气。《山中与幽人对酌》:"两人对酌山花开,一杯一杯复一杯。我醉欲眠卿且去,明朝有意抱琴来。"

李白有一次来到山里,找隐士朋友喝酒。这里远离尘俗,没有车马喧器，山气静阔，山花正开，不管是桃花还是梨花，放眼望去，一派烂漫美景！这里好像有一种仙家之气，让他感到十分惬意和自在。正所谓酒逢知己千杯少，"谪仙人"生性洒脱，和这位隐士志同道合，所以饮起酒来，那可是"一杯一杯复一杯"，好不痛快！喝至尽兴，诗人醉态蒙眬，已经有了浓浓的睡意，于是就口气呢喃地招呼朋友说："今天咱们就聊到这里，你现在就自行离开吧，我也不送你了。如果还有雅兴，明天你再抱着古琴过来弹奏一曲吧！"明明是你自己到别人家里来喝酒的，喝到最后却对主人挥着手说出了"我醉欲眠卿且去"的昏话来，这明显是又喝高了呀。

然而，这么爱喝酒的一个人，若是遇上了一个不肯喝酒的人，那情形会咋样呢？一是他会觉得很无趣；二是他还会嘲笑人家。

历阳县丞王某，是一个以陶渊明为"偶像"的人。因为仰慕李白的大名，在李白经过历阳的时候，力邀李白饮酒。席间，他自己却不肯饮酒。李白就觉着喝得没劲兼不爽，于是，就写下了这首《嘲王历阳不肯饮酒》的诗将王历阳揶揄一番："地白风色寒，雪花大如手。笑杀陶渊明，不饮杯中酒。浪抚一张琴，虚栽五株柳。空负头上巾，吾于尔何有。"

小王呀，你可知道那五柳先生陶渊明，除了是一位娴静少言、不慕荣利的诗人，那也是一位响当当酷爱杯中物的"酒仙"级的人物。你老套地学那老陶，又是抚琴啊，又是栽柳的，却不肯学他的精髓——饮酒。你这分明就是叶公好龙，你这样怎么可能学到他的风骨呢？这样还会让你的"偶像"老陶笑话死你的。要想学得会，必须先跟你的师父一起醉。来来来，赶紧学着老哥的样子，举杯喝上几盅。

李白喜欢喝酒，他最情有独钟的是老纪酿的酒，简直是爱不释手。老纪开始生产的酒叫"老春"，李白喝过之后，赞不绝口，三天两头地跑来喝。没想到意外的事情发生了，老纪忽然得了重病驾鹤西游了。李白为此也大哭一场，并为老纪口占一绝：

第六回　不明不白的焦躁

> 纪叟黄泉里，还应酿老春。
> 夜台无晓日，沽酒与何人？

故事恒久远，老春永流传！

东山与山东

李白一生中最钦佩最崇拜的只有两个人，一个是东晋时期在会稽东山归隐的谢安，另一个是战国末期功成后归隐东海的山东聊城人鲁仲连。

谢安是陈郡阳夏（今河南太康）人，出身士族，才学过人。年轻的时候，跟王羲之是好朋友，经常在会稽东山（今绍兴上虞）游览山水，吟诗谈文。在朝廷做官时，因遭到一帮小人的嫉妒，谢安一气之下就辞官来到江宁土山隐居，邀人下棋，图个耳根清净。他人在外，心念家，就模拟会稽东山景色，在土山上大兴土木搞建筑，并将自己隐居的土山改名为东山。

《世说新语·排调》：谢公在东山，朝命屡降而不动。后出为桓宣武司马，将发新亭，朝士咸出瞻送。高灵时为中丞，亦往相祖。先时，多少饮酒，因倚如醉，戏曰："卿屡违朝旨，高卧东山，诸人每相与言：'安石不肯出，将如苍生何？'今亦苍生将如卿何？"谢笑而不答。

谢安在东山隐居，朝廷多次下令征召他，让他出来当官，他都不应命。后来一直等到40岁时，谢安才肯出山来朝廷当官。因为谢安长期隐居在东山，所以后来把他重新出来做官这件事称为"东山再起"。这次出山，老谢先是做了辅国权臣桓温的司马，后来火箭似的又当上了中书、司徒、丞相等要职。

当时，老谢就要从新亭这个地方准备启程的时候，朝中官员都来看望送行。有个叫高灵的，当时任中丞，也前去为他饯行。在这之前，高大人已经喝高了，于是就醉醺醺地半开玩笑说："老谢啊，老谢，你多次违抗朝廷的旨意，只知道一个人在东山高枕无忧地躺着。因此，大家就常常私下议论说，老谢总不肯出来做官，这让老百姓急得不知怎么办，现在你终于出山了，老百姓这下急着想知道你现在到底准备怎么办呀？"老谢听了这话，只是很老到地微微一笑，并不回答。但老谢却握紧了拳头在心里用力道："一切尽在不言中，以后我会亮瞎你们的眼！"

让老谢表现的机会来了！公元383年8月，前秦的老大苻坚亲自带领87万大军从长安出发，向东晋首都建康猛扑而来。南征的大路上，烟尘滚滚。步兵、骑兵，再加上车辆、马匹、辎重，队伍浩浩荡荡，差不多有一千里长。时间不久，苻坚主力就推进到了项城（在今河南沈丘南），很快苻坚的益州水军也沿江顺流东下。黄河北岸，大兵压境，战线绵长。前秦水陆两路进军，向江南逼近而来。

当大兵压境的消息传到东晋首都建康的时候，晋孝武帝和京城的文武官员都惊慌失措了，举国上下人心惶惶。但晋朝的军民们却不愿让江南陷落在前秦敌军的手里，这时候，朝野上下都把老谢当成了主心骨，大家都眼巴巴地指望着他这个宰相能拿出一个完全的退敌之策。

老谢心里有数：跟苻坚硬拼，如鸡蛋碰石头。只有用计，才能以少胜多。于是，他好不容易拼凑了八万人马到了前线，跟苻坚的百万大军摆开了阵势，并对领兵的侄子谢玄交代好了如此这般的对敌之策。

老谢虽然作好了精心的布置，心里却总是忐忑不安、止不住地在冒虚汗。不过老谢表现得却很老到、很镇静，一副志在必得的样子。因此，上上下下也就吃了定心丸似的，一切按照老谢的计划行事。

等到两边人马在淝水正式干开了，老谢还是一副稳坐钓鱼台的样子，一如既往地招呼客人来跟他下棋。下着下着，前线送来了战报，他扫了一眼，将战报扔在一边，继续跟客人在楚河汉界上来回厮杀和死磕，好像什么事都没有发生似的。

第六回　不明不白的焦躁

客人看了他心如止水的样子，就憋不住地问他，前方在战场上吃紧，而我俩在后方的棋盘上紧吃，这不是个事呀！老谢，刚才，前线战报是怎么说的呀？老谢不紧不慢地说道，嘿嘿，前线被咱们那帮小子们搞定了，你就放心下你的棋吧。嘿嘿，将你的军喽，哈哈哈！

客人离去后，老谢转身又拿起了战报看了又看，一个人终于激动地晕倒了。

淝水一战，是著名的以少胜多的战役，挽救了濒危的东晋，并为东晋赢得了以后数十年的和平，老谢因功勋卓著被封为三公之上。这一回，那只"旧时王谢堂前燕"要飞得更快更高了！

李白向往谢安归隐的生活，羡慕他的东山再起，歌颂他的功成身退。老谢的立身行世，精神气度，对他的人格产生了很大的影响，老谢完美的命运结局也曾震撼了他的心灵。

李白一生崇拜老谢。在遭遇人生不幸时，他就高歌："东山高卧时起来，欲济苍生未应晚。"这既是赞扬老谢东山高卧，养时待机的名士风流，又何尝不是抒发自己高风亮节以独立人格参与政治的远大抱负呢？老谢既有宰辅之才，又宽宏从容，风流不俗。淝水之战，晋以几万北府精兵，大败苻坚号称百万之师的大军。当老谢的侄儿谢玄从前线送给他破敌的捷报时，老谢见后不动声色，弈棋如故。客问之，他才说"小儿辈遂已破贼"，如此处变不惊的大将风范让李白钦佩得五体投地。

李阳冰在《草堂集序》里说，李白"咏歌之际，屡称东山"。因为老谢兼及李白心目中理想人物的诸方面，他在《书情赠蔡舍人雄》说："尝闻谢太傅，携妓东山门。楚舞醉碧云，吴歌断清猿。暂因苍生起，谈笑安黎元。余亦爱此人，丹霄冀飞翻。"

李白说，我就推崇老谢那种东晋名士的风度，出世时携着美女一起归隐。轻盈的楚舞让天上的云彩陶醉，清美的吴歌使凄凉的猿声中断。当老百姓的安危和国家的大义需要他入世时，他就路见不平一声吼，该出手时就出手。能出将入相,能做到谈笑间樯橹灰飞烟灭,一举打败了前秦军队,使百姓平安。我也非常想做老谢这样的人啊,希望有一天也让我展翅翱翔于云天。

李白还特别敬重老谢那种不畏权势、不迷恋功名富贵、淝水之战胜利之后就功成身退的人格。他在《留别西河刘少府》诗中:"自有两少妾,双骑骏马行。东山春酒绿,归隐谢浮名。"以及《赠常侍御》诗中:"安石在东山,无心济天下。一起振横流,功成复潇洒"之言,都一再咏颂和称羡老谢的功成身退。老谢的举动其实也可以认为是他的一种政治远见和智慧,他懂得"物极必反,盛极必衰"的道理。既然安天下的任务已经完成,不如就归隐而去。李白羡慕的不仅仅是谢安淡然的精神,同时也羡慕他善始善终的美好结局。

李白的另一个偶像鲁仲连,又名鲁仲连子、鲁连子、鲁仲子和鲁连,齐国聊城人,是战国末年齐国稷下学派后期代表人物,著名的平民思想家、辩论家和卓越的社会活动家。

幼时的鲁仲连在稷下学宫曾师从徐劫,专攻"势数"之学,深得老师的器重。这跟当年李白向赵蕤学王霸、纵横、通变有点像哟,怪不得,李白对老鲁有十二分的亲切呢。

老鲁因他的勤学善思,博闻强记,尤其是以他的思维敏捷、口若悬河的辩才而闻名遐迩。但他和一般的辩士有着较为明显的差别。稷下学宫中的田骈、邹衍等人大多务虚谈玄,斗嘴诡辩,只是将个人的思维能力和语言表达能力发挥到了极致。而老鲁则注意理论联系实际,为现实而辩,为国事而辩。尤为难能可贵的是他"位卑未敢忘忧国",但又不把爱国挂在嘴上。言必行,行必果,将自己的辩才直接应用到帮助田单收复失地、光复齐国的实践中。

公元前284年,燕国大将乐毅率领五国联军攻打齐国,联军在半年内横扫齐国70多座城,除莒和即墨两城之外都被联军占领。齐国的一代名将

第六回　不明不白的焦躁

田单在即墨率军民奋勇抵抗，以火牛阵大败燕军，并乘势用一年左右的时间反攻收复了 70 余城，但是小小的狄邑（今高青县高城镇）却久攻不下。

田单攻打狄邑之前，老鲁就断言，此城短期内肯定攻不下来。果然，齐军攻打狄邑三个月，都没有攻下。田单很苦恼，就向老鲁来请教。老鲁说，过去在守即墨城时，将军有战死之心，士卒也无贪生之念，上下一心，军队很有战斗力。现在，你田将军腰间佩戴黄金腰带，吃香的喝辣的，士兵们也通过打仗腰缠万贯，所有人都只顾享受。冲锋陷阵时，都惦记着一家老少，屋里的钱，炕上的妻，你说这怎么能打胜仗呢？

田单听了之后恍然大悟，回去之后亲临战阵，身先士卒，终于攻克狄城。田单的军队势如破竹，一直攻到了老鲁的家乡聊城。

早前，燕国大将燕冲占据聊城后，有人在燕王面前献谗言，说了燕冲的很多坏话。因此，燕冲怕被燕王诛杀，就死守聊城不敢回去。由于燕国大将负隅顽抗，田单攻城又屡屡失利，将士死伤众多。

在这关键时刻，老鲁又来了。他分析了整个形势后给燕国大将写了一封信，用箭射到城里。在这封信中，他分析了齐、燕两国局势，告诫燕国大将燕冲死守孤城，非忠、非勇、非智。他说，不考虑燕王的想法，是不忠；丢掉聊城，战死身亡，大将威名又不能在齐国彰显，是不勇；功业垂败，声名破灭，后世不会为其称道，是不智。老鲁希望燕国大将燕冲好好考虑，从长计议，不要和世俗之人一般见识。

同时，老鲁还站在燕冲的立场，为他分析归燕、降齐的有利之处。老鲁还替燕冲出了两个主意：一是保全兵力回国，以答谢燕国。这样燕王一定高兴；将军安然无恙地回国，士兵能重见父母，朋友也会振奋地欢呼称颂，功业得以显扬。二是放弃燕国，摒弃世俗之论，归降齐国。齐王一定会给你分封土地和爵位。这样你就可以保全功业，享有富贵，世世代代位列勋爵。

他还为燕冲举了两个例子：管仲和曹沫。以前，管仲向齐桓公射箭，

李白长安离职的秘密

是犯上；放弃公子纠，未能随他一起去死，是怯懦；身戴刑具被囚禁，是耻辱。虽然他犯下三重过失，但依然辅佐齐桓公成为五霸之首，名扬天下。

鲁国将领曹沫，打仗屡次失败，使鲁国丢掉了五百里的土地。如果曹沫一怒之下，刎颈自杀，最终难免落个败将的丑名。曹沫不顾战败之辱，回国和鲁君商议计策。趁齐桓公大会天下诸侯之时，曹沫凭一把短剑，逼近齐桓公心窝。他多次战败丢掉的土地，就在一会儿的工夫全部收回了。他的英勇和胆识震动天下，诸侯大惊。因曹沫此举，使鲁国威名在吴、越之上。

据说燕冲在看了老鲁的书信后，哭了三天。《史记》记载，燕冲宁可自杀，也不想被人所害。他自杀身亡后，燕军撤出了聊城。而《战国策》记载，燕冲撤兵回国了。过程稍有不同，但结局却都是相同的，都是因老鲁的一箭飞书，燕军才撤兵的。

老鲁用语言攻下了聊城，一箭书退敌百万兵，创造了中国军事史和论辩史上的奇迹（《战国策·齐策六》）。从鲁仲连帮助田单攻狄、让燕军退兵的史实，我们可以看出，老鲁不仅是聪慧过人、才智非凡的语言大师，而且还是一个急公好义、有着强烈爱国思想和社会责任感、救民于水火的平民爱国者。他生于聊，居于狄，对聊城和狄邑民众感情深厚；他生逢国家败亡、山河破碎的乱世，对光复疆土充满期望，这是他两次出山的心理内因。

老鲁不仅在破燕复齐的进程中出奇谋，立奇功，而且在当时的外交舞台上，也能时刻以齐国利益为重，扶危济困，仗义执言，一展齐国高士的风采。其中"痛斥辛垣衍，义不帝秦"的事迹广为后世传颂。

据《战国策·赵策三》和《资治通鉴》的记载，周赧王五十七年（公元前258年），秦国为了达到称帝的目的，扩张疆土，包围了赵国的都城邯郸。魏安王得到这个消息后，急忙派大将晋鄙火速驰援赵国。秦昭襄王得知魏出兵救赵，写信恐吓魏王，扬言谁救赵国就先攻击谁。魏王收信后，救赵的决心发生动摇，命令晋鄙留兵于邺（河北滋县南，另一说是汤

第六回　不明不白的焦躁

阴)。既摆出救赵的姿态，又不敢贸然采取行动。他还派魏将辛垣衍秘密潜入邯郸，想通过赵相平原君赵胜说服赵孝成王一起尊秦为帝，以屈辱换和平，以解邯郸燃眉之急。平原君在内忧外患灾祸频仍的情况下，乱了方寸。正在这紧急关头，在赵国游学的老鲁出现了。

他就跑去找平原君说：秦人打到你家门口了你不反抗想干什么？平原君皱着眉头说：我能干什么？之前40万人都给打光了，现在秦兵围城我也没办法退兵，魏王又派来了辛垣衍来让我们尊秦为帝，现在他还在这里，我也不敢说抵抗的话。老鲁指着平原君说：之前还以为你是个英雄，现在才知道你是个狗熊！辛垣衍在哪儿？你把他叫来，我帮你把他骂回魏国去。于是平原君把他带到辛垣衍面前，老鲁指着辛垣衍说，魏王只顾个人安危而不顾大局，最后也得把魏国拱手让给秦国。并以商纣对待商末三贤王的历史事件，说明秦称帝后必如商纣对待诸侯一样对待投降他的诸侯，魏王将来也不会有好下场。老鲁强调说，现在救魏赵两国的唯一办法只能是在战场上打败秦兵，一定要激励魏国在战场上一决胜负；如果秦王称帝，不仅魏国没了，你辛垣衍也会一无所有。于是辛垣衍改变了劝赵王的想法，并决心回去说服魏王继续帮助赵国。

秦将听说魏国和赵国很可能联手，就下令退军五十里。后来，魏国的信陵君窃符救赵，邯郸的危机就这样解除了，赵国民众欢欣鼓舞。平原君要赠给老鲁一千金作为出差补贴，老鲁说齐赵友好下去比金更珍贵。弃金钱如粪土、视富贵如浮云的老鲁最后还表明了心迹："一个人最可贵的品质，就是为人排患解难，而从不索取回报。如果有所企图，那就是拿人格来做买卖做交易。这些都是我一贯鄙视和反对的！"最后，老鲁挥了挥衣袖，没有带走一片云彩。

从整个事件来看，老鲁表现出了齐之高士的爱国、清廉、仗义的高尚德操，显示了自己过人的胆识、高超的智慧和鞭辟入里、简洁含蓄的论辩艺术，真可谓智勇双全、德才兼备。

在他的身上，除了有纵横家的影子，也有正义的爱国立场和不谋私利的作风，这与苏秦、张仪贪图富贵的主旨恰恰相反；他受名家辩士辩术的熏染，而又能跳出"为辩而辩"的泥沼；他有儒家的仁政、民本思想，但他的"不在其位，亦谋其政"的平民意识与彻底不问世事的高士作风又截然不同；他受墨家思想影响，有很明显的"兼爱""非攻"行为，但行动上又远比墨家大气、积极；他隐居海上，有道家遁世之风，但又不完全归隐，决不肯老死山林，常常在紧急关头挺身而出救国家和民众之危难。

在品德方面，他爱国爱民、排忧解难、淡泊名利的精神，令人敬佩、感奋；在辩术方面，他善用譬喻，善于举例，善于分析形势和洞察人的心理，语言环环相扣，逻辑缜密。可以这样说，深邃的思想，高尚的人格，超人的智慧，形成了一个立体的、富有个性和传奇色彩的老鲁形象。

李白对老鲁特别推崇，他的《别鲁颂》中这样赞道："谁道泰山高，下却鲁连节。谁云秦军众，摧却鲁连舌。独立天地间，清风洒兰雪。"他赞颂道，谁人都在说泰山高呀，却高不过老鲁的气节；谁人都在说秦军人多势众、难以抵挡，而老鲁动动口舌就能使他们望而却步。老鲁的风骨独立于天地之间，老鲁的气度像那清风挥洒香雪！

李白追求和向往的高士具有轻千金、藐卿相，不好功利的古风气节。他在《古风其十·齐有倜傥生》诗中又一再力挺老鲁："齐有倜傥生，鲁连特高妙。明月出海底，一朝开光曜。却秦振英声，后世仰末照。意轻千金赠，顾向平原笑。吾亦澹荡人，拂衣可同调。"

李白有感而发："齐国这里，有一位洒脱倜傥的大人物叫鲁仲连。他才智高明奇妙，像一颗夜明珠从海底升起，散发的光芒一下照亮了天地。他用雄辩非凡的言辞，游说赵、魏联合抗秦，逼退秦军，建立了不朽的功勋。他的英名遍传天下，让后人无限景仰。他看淡功名利禄，回头又笑着拒绝了平原君馈赠的厚礼。我以后也要向老鲁学习，像他那样做一个淡泊坦荡、功成身退的人。"

第六回　不明不白的焦躁

此外，他在很多诗里都对老鲁由衷地、不厌其烦地进行了赞美和颂扬，由此可以看出老鲁在他心目中至高无上的地位：

东海泛碧水，西关乘紫云。鲁连及柱史，可以蹑清芬。
——《古风五十九首》

毫挥鲁邑讼，目送瀛洲云。我隐屠钓下，尔当玉石分。
——《赠瑕丘王少府》

鲁连逃千金，珪组岂可酬。时哉苟不会，草木为我俦。
——《赠崔郎中宗之》

齐心戴朝恩，不惜微躯捐。所冀旄头灭，功成追鲁连。
——《在水军宴赠幕府诸侍御》

岧峣广成子，倜傥鲁仲连。卓绝二公外，丹心无间然。
——《赠宣城宇文太守兼呈崔侍御》

弱冠燕赵来，贤彦多逢迎。鲁连善谈笑，季布折公卿。
——《献从叔当涂宰阳冰》

大语犹可闻，故人难可见。君草陈琳檄，我书鲁连箭。
——《江夏寄汉阳辅录事》

鲁连卖谈笑，岂是顾千金。陶朱虽相越，本有五湖心。
——《留别王司马嵩》

恨无左车略，多愧鲁连生。拂剑照严霜，雕戈鬘胡缨。
——《闻李太尉大举秦兵百万出征东南懦夫请缨冀申一割之用半道病还留别崔侍御十九韵》

十三弄文史，挥笔如振绮。辩折田巴生，心齐鲁连子。
——《送王屋山人魏万还王屋·并序》

谈笑三军却，交游七贵疏。仍留一只箭，未射鲁连书。
——《奔亡道中五首》

李白心里在一直期盼着要像老谢当年那样能东山再起，渴望着要像老鲁那样建立不世功勋，然后功成身退。心想，我在安陆这里住了十来年了。这十年，只能以浑浑噩噩的"酒稳安陆、蹉跎十年"来给自己做一个阶段性的工作总结。我为什么总是屡战屡败呢？我为什么总是与仕途无缘呢？难道是这白兆山的风水不好吗？人家说"白兆，白兆，就是白找，白找"，难道真有"地名讳"的迷信说法吗？

唉，树挪死，人挪活。既然妻子故去了，这里也不值得我再留恋了，不如将家搬到离当年老鲁家乡不远的山东任城去住吧。再说了，"山东任城"这地名多吉利多祥瑞啊，"山东"意味着"东山"；"任城"寓意着"能成"。嘿嘿，这地方行，绝对行！东山再起，我当雄起！

有时候人们大量的观点，其实不是对世界有什么主张，而是对自己的现状在进行强行的解释。尤其是人在遭受太多的挫折和失败的时候，自己就会有许多五花八门的理由，甚至是阿Q式的解释。于是，才有了李白对自己为什么要择山东而居的如上解释。

开元二十四年（公元736年），李白携一对儿女从安陆移家至东鲁兖州治所瑕丘城的（今兖州任城区）东门外，即李白所谓的"鲁门东"和"沙丘城下"。全家随即编入瑕丘户籍，并得到了当地官府分给的田地。

李白至此好像换了一个人似的，走出了前一段的萎靡和颓势，又恢复了他一贯的豪迈，又变得激情澎湃起来。冥冥之中，他似乎已感觉到了，那一代贤明之主正在向磻溪岸边垂钓多年的他款款走来。他将因此而开辟一个属于他自己的崭新天地！

大漠公赞曰：

谢安东山起尘埃，鲁连功成身东海。
一朝明主磻溪顾，九门阊阖为我开。

有人说，人挪活，树挪死。那么，李白搬来山东之后到底能不能像他之前想的那样，东山再起呢？欲知详情如何，且听下回分解！

第七回

太白的江湖地位

他深刻地自我总结道，机遇这东西很怪，它不理你的时候，你再怎么折腾也没有用，最后只能是自己折腾自己；它一旦青睐你的时候，你怎么折腾都行，越折腾越会折腾，并且折腾什么得到什么。这时候，幸福是一副让人猝不及防的调皮模样。

关于人的时运，北宋宰相吕蒙正写过一篇《寒窑赋》。文章以自己从凄惨到富贵的经历，引述历史上大量的事实，说明人生命运的起落冥冥之中受"时"和"运"的控制："马有千里之程，无骑不能自往；人有冲天之志，非运不能自通。""君子失时，拱手于小人之下。天不得时，日月无光；地不得时，草木不生；水不得时，风浪不平；人不得时，利运不通。"时运仿佛就是天意和造化在故意弄人："得之我幸，不得我命。"所以，"时运未来君休笑，太公也作钓鱼人"。

吕宰相继续现身说法："昔时，余在洛阳，日投僧院，夜宿寒窑。布衣不能遮其体，淡粥不能充其饥。上人憎，下人厌，皆言余之贱也。余曰：非吾贱也，乃时也运也命也。"我以前落魄的原因，不是我人有多么卑贱和低下，而是我那时的时运确实不太好！

后来我位极人臣："余及第登科，官至极品，位列三公，有挞百僚之杖，有斩鄙吝之剑，出则壮士执鞭，入则佳人捧袂，思衣则有绫罗锦缎，思食则有山珍海味，上人宠，下人拥，人皆仰慕，皆言余之贵也。余曰：非吾贵也，乃时也运也命也。"这其实也是因为我的时运和命理发生了逆天的反转，而不是我人本身有多么地了不起或高人一等呀。

最后，吕宰相向天下的社会各阶层，包括目前还籍籍无名的有志青年吹响了振聋发聩的希望号角："盖人生在世，富贵不可捧，贫贱不可欺。此乃天地循环，终而复始者也！"时运是不会遗忘你们任何一位斗士的，时运每时每刻都在天地间循环往复，你们唯一要做的就是不抛弃，不放弃！

李白是这样想的，也是这样做的。

第七回　太白的江湖地位

他在隐忍，他在等待，像一株迎春花在静静地等待物候时运，等待那金黄色的耀眼绽放。

再入长安缘故人

李白刚 42 岁的这一年，即天宝元年（公元 742 年）的秋天，他终于如愿以偿地第二次来到了京都长安。

第一次他来京都手里捏的是老丈人求人帮忙的介绍信，第二次来京都手里捧的是老板直接发的邀请函，真是不可同日而语呀！这感觉不也是春风得意马蹄疾，一日看尽长安花吗？他放眼四顾，这里有天下最宽阔的街道，这里有天下最宏伟的宫殿园林，这里有天下最美丽的风景，这里也麇集着天下最多最大的官吏。李白虽一介布衣，但八万里的雄风却早已鼓舞在他浪漫而又天真的胸际，他大而明亮的眼睛里，又放射出辉彻山河的青春异彩。

但李白心里明白自己这一次能来京都长安，都是缘于两位铁杆道友的倾力推荐。之前，皇帝的求贤诏书虽然交代得很冠冕堂皇：只要你是文武方面的特长生，当地官府就可以将你推荐到朝廷来。但是，马有千里之程，无骑不能自往。李白对朝廷推荐的通路不是颓败就是淤堵已经有了切身的感受，因此不再对官方所谓的推荐抱有任何希望。

一条贯通于河两岸的桥梁颓倒之后，第一种人，或牢骚满腹，或望桥兴叹；第二种人，振臂高呼，集资修桥；大多数的第三种人，默默地选择了绕道迂回的方式到达彼岸。

李白很显然曾经试图成为这三种人的全部，但做第一种人于事无补，做第二种人又力不能支，还是做第三种人走迂回曲线更符合实际。他思来想去只有通过同道好友吴筠和元丹丘去找玉真公主了，如果这条路再行不通，看来我真的就是第二个老孟了，说明我此生与仕途无缘，那我也就彻底死心了，我也就只好认命了。

玉真公主崇信道教，法号无上真人，后来又赐法号为持盈法师。她以皇室贵戚之身落发为道士，这在唐代社会并不稀奇，这与当时的社会风气有很大的关系。唐太祖李渊开国之初，为了安定、神化李家王朝政权，追认道家的鼻祖老子李耳为李唐宗室的先人，将道教定为国教。唐太宗李世民还专门下诏书将道士排在僧尼的前面："自今往后，斋供行立，至于称谓，其道士女冠，可在僧尼之前。庶敦本之俗，畅于九有；尊祖之风，贻诸万叶。"这么一来，道士在唐代社会中的地位就可想而知了。

道教与道家思想在唐代十分兴盛，历世皇帝不只向道家请教长生不老之术，也向他们咨询治国方略。由此可见，道教思想、道家活动、道教人物与唐代政治的联络已经是密不可分，也可以说道教本身便是唐代政治生活的一个首要的组成部分。因而要步入唐代官场，采用由道教入仕的曲线方式不失为一种正确的选择。巧的是，吴筠和元丹丘都是道教的知名人士，并且跟玉真公主又走得比较近。

李白与道士吴筠是在会稽认识的。老吴从小便阅遍经籍，工于诗文，曾作《游仙诗》阐述自己的思想，作《览古诗》凭吊古圣先贤，又作有《高士咏》，歌颂古今高士。但他几次考取功名都未能及第，最后入嵩山做了道士，此后南游天台，观沧海，与名士相交游。虽然未能进士及第，但他的诗文非常有名，连皇帝都知晓，唐玄宗曾遣使召他入京，在大同殿接见，并向他问道，老吴说："天下之间能够深晓，通达于道的，只有老子《五千言》(即《道德经》)，而其余的著述不过是在浪费纸墨罢了！"

有一次，玄宗向他请教神仙炼丹的事情，他则回答说："这是一般市井百姓和野居的人才关注的事，您身为一国之君怎么能费心于这方面的事情呢？"老吴的言下之意是，作为皇帝您千万不可以玩物丧志啊！老吴的耿直性情并没有为自己招来祸患，相反，唐玄宗为此却更加敬重他。

李白在结识老吴的时候，老吴正隐于天台山，李白仰慕他的诗名和道

第七回　太白的江湖地位

名,遂前往拜访,并且结为好友。李白虽以诗文闻名天下,但他看了老吴那高绝悠渺的诗作后,钦服不已。老吴也对李白的仙姿奇才十分地赞赏。李白与老吴两人性情相投,所好相合,所以他们经常在一起说玄论道,清谈老庄,交情也就益见坚深。

开元二十九年(公元741年),老吴又被唐玄宗召见,他到了长安后,对于李白这位虽是新交但友情深厚的朋友极为挂念,也深知好友的志向,于是在玄宗和玉真公主面前同时推荐了李白。

元丹丘是一个学道谈玄的人,是李白20岁左右在蜀中认识的道友,他们曾一起在河南颍阳嵩山隐居,元丹丘是被李白看作长生不死的仙人和"逸人"。李白一生与老元交游计达20多年之久,他赠老元的诗就有十几首。

其中,《将进酒》:"岑夫子,丹丘生,将进酒,杯莫停。与君歌一曲,请君为我倾耳听。"来来来,老元,咱哥俩今儿个放开好好喝。等会兄弟再唱个小曲,给你助兴。

《题元丹丘山居》:"故人栖东山,自爱丘壑美。青春卧空林,白日犹不起。松风清襟袖,石潭洗心耳。羡君无纷喧,高枕碧霞里。"老元啊,你这个嵩山倒是蛮适合人居住的,是个我来了就不想走的地方。松风阵阵,潭水清心,天天还可以睡到自然醒。兄弟真的好羡慕你啊!

《元丹丘歌》:"元丹丘,爱神仙,朝饮颍川之清流,暮还嵩岑之紫烟,三十六峰长周旋。长周旋,蹑星虹,身骑飞龙耳生风,横河跨海与天通,我和尔游心无穷。"老元,你现在过的真是神仙日子啊!早上喝的是颍川的矿泉水,晚上睡觉盖的是嵩山峰顶的紫烟被。你脚踩彩虹,身旋长空,好像骑着青龙天上飞。什么时候,我才能够横跨江河,飞越大海,自由遨游在空中,与你一起追?

由此可见,李白与老元的关系那是杠杠的,两人毕竟是"投分三十载,荣枯同所欢"的好友,李白称赞他是个好酒友、好哥们儿。

李白以前写的一首《西岳云台歌送丹丘子》诗里,有求老元帮忙援引推荐的意思。所以,老元将他的事也放在了心上,一直想找准机会在玉真公主面前力挺李白一把。魏颢在《李翰林集序》中说:"白久居峨嵋,与丹丘因持盈法师达,白亦因之入翰林。"这无疑可以佐证,老元这回确实很厉害。

事情的缘由是,天宝前一年,玉真公主作为特邀嘉宾主持了河北谯郡真源宫的道教活动。刚巧,为谯郡真源宫修建碑石的老元也参加了此次活动。老元一看机会千载难逢,便将李白隆重地推荐给了玉真公主,还呈上李白十年前第一次来长安住进终南山楼观台玉真公主的别馆,专门撰写的那篇《玉真仙人词》。这首词写道:"玉真之仙人,时往太华峰。清晨鸣天鼓,飙欻腾双龙。弄电不辍手,行云本无踪。何时入少室,王母应相逢。"

这首词盛赞玉真公主的神仙生涯及其行迹。说她前往华山,作"鸣天鼓"之术,又乘龙上天,双手弄电,行于云而无踪迹,最后到嵩山,与西王母相逢。全诗一气呵成,连用往、鸣、腾、弄、行、逢等动词,显得这位"仙人"行迹飘忽,行为不凡。他的这首词将现实世界与神仙世界融合为一体,对玉真公主进行了着力地美化,编织了一幅极具美感的神仙画面。这种浪漫和夸张的方法与李白写给一般官员的自荐书不一样,他没有直接陈述自己的人生阅历和才华,也没有直接夸耀对方,而是用神化的世界来烘托玉真公主的神奇才干。

玉真公主看了这首词后,心里当然是美滋滋的,对李白留下了非常好的印象。再加上元丹丘、吴筠的极力推荐,乐得做个顺水人情,就在皇帝面前推荐了李白。

李白没想到他半生干谒诸侯,一心想历抵卿相,均无结果,最后还是迂回走了玉真公主的私门才登堂入室。这多少有点不好意思啊!但转念一想,觉得自己比王维当年还是稍胜了一筹。王维那时靠岐王把他装扮成伶

第七回　太白的江湖地位

人,在演奏一曲《郁轮袍》后才得到了公主的赏识,最终得以高中状元。而我靠的是满腹的诗文才学赢得了公主的赏识,而且这一次我还能够走进金銮殿亲眼拜见天颜。

我李白终于就要实现那济苍生的宰辅之志啦。想到这里,他的自信心马上又开始爆棚了:

"满腹经纶白发不第"这是黎明前的黑暗,已成永远的过去;"有先富而后贫,有先贫而后富",天道好还,时运流转,这是好运降临的现在;"官至极品,位列三公,有挞百僚之杖,有斩鄙吝之剑",这是流光溢彩、前程似锦的未来。这样的未来我马上就可以触摸到。

金龟换美酒

春风得意马蹄疾,心似飞箭到帝都。李白这一次还是从春明门进入的长安城。当他的双脚迈进宏伟的城门时,他感觉自己的仪态步履是如此的优雅和从容,丝毫没有了上次初来长安时的卑微和逼厌。他拿着朝廷征召他的文书,直接到专门接待四方宾客的招贤馆住下,等候皇帝的召见。

第二天,李白溜达到城东北的大宁坊紫极宫道观门口,迎面碰见一人,鹤发童颜,便衣步履,拄着一根筇竹杖,活像一个老寿星下凡。

李白不禁驻足观看,为老寿星的风姿神韵赞叹,就上前跟他搭讪:"尊者,您这筇竹杖可是临邛山中千年的宝物啊!"老寿星一下来了兴趣,说道:"你也知道这筇竹宝杖?你是从蜀郡来的吗?尊姓大名呀?""不敢,不敢,晚生是蜀郡人氏李白。"老寿星一听,拊掌大笑道:"哈哈,你就是奉诏前来的李太白?老夫是贺知章呀!"

李白一听连忙倒身下拜,您就是大名鼎鼎的"四明狂客"、太子宾客贺知章贺老呀!心中大为激动,嘴里连称:"久仰,久仰!"贺老忙扶他起来,拉着他一起来到紫极宫客堂坐下,道士立马就献过茶来。

李白长安离职的秘密

李白诚恳地说道,我小时候就读过您贺老写的诗,那首《咏柳》写得太经典了呀!于是便随口吟咏起来:"碧玉妆成一树高,万条垂下绿丝绦。不知细叶谁裁出,二月春风似剪刀。"

贺老一边捋着银须,一边呵呵笑道,你把老夫的山歌小调背得如此娴熟,难得啊!这首诗是我年轻的时候写的,时间过得太快喽!我已经老了,脑子不够用了,这写诗作词的都是你们年轻人的事喽。

忽然,贺老又振作道:"以前也听得你的一些诗作,你最近又有哪些创作,可有诗卷带在身边?"

李白连忙将随身带的行卷呈上,先是拿出自己写的《乌栖曲》给贺老看,贺老看罢,赞曰:"此诗可以泣鬼神矣!"李白心里想,这篇都能"泣鬼神",那俺其他的作品还不让玉皇大帝哭成泪人啊?

于是又拿出了自己最得意的《蜀道难》。贺老读罢,激动得无以言述,他打量着白绸长衫、风度翩翩的李白长叹道:"咦,小李啊,你不会是天上的太白金星下凡到的人间吧!不然,凡人怎么能写出这样的诗来呢?"

李白见贺老如此幽默风趣,哈哈大笑,便也说道:"刚才我一见到您,我也以为是老寿星来到了紫极宫哩!"说罢,两人又都大笑起来。

李白真心为今天遇到贺老感到愉悦和欢欣,倒不是他给了自己一个"谪仙人"的封号,而是自己对贺老一直心怀敬意。

贺老是越州永兴人,后迁居山阴,少时即以诗文知名。25岁就登进士第、中状元,是浙江历史上第一位有资料记载的状元。他为人旷达不羁,好酒,有"清谈风流"之誉。他从25岁及第到86岁退休告老还乡,其间在京城做了60余年的官。打工打到这个程度,他简直可以称得上是个"打工皇帝"了呀!

后来,贺老退休回老家绍兴时,这个"打工皇帝"真的享受到了当时皇帝唐玄宗的高规格待遇:玄宗率领太子及文武百官,在长安城东门外设宴饯行。从皇帝开始,人人赋诗相赠,场面如此隆重,堪称中国文坛上的

第七回　太白的江湖地位

千古盛事。同时，这也反映出了贺老的声望和风范。

贺老的朋友圈也都是当时响当当的大腕。他与张若虚、张旭、包融被评为年度"吴中四士"风云人物；他与皇帝的侄子汝阳王李琎、左丞相李适之、草圣张旭等被称为"饮中八仙"；他又与陈子昂、卢藏用、宋之问、王适、毕构、孟浩然、王维、司马承祯等被称为"仙宗十友"。

贺老为人旷达，不懂钻营，做官升迁比较慢。在工作了40年左右，直到开元十三年（公元725年）才升到了礼部侍郎兼任集贤院学士，业余时间还要陪太子读书。这时期的皇帝唐明皇，是中国历史上少有的兄弟关系非常融洽的皇帝之一，好得天天在一起吃饭喝酒不说，还特意整了个大床大被子，晚上兄弟几个就亲亲热热地挤在一块儿睡。开元十四年（公元726年）四月，他最疼爱的老弟之一的岐王李范（就是杜甫"岐王宅里寻常见"的那个岐王）死了，唐明皇悲伤之下，追认李范为"惠文太子"。还把他的葬礼从亲王的级别提升到了太子级别，让礼部挑选一些高官子弟做"挽郎"。所谓挽郎，就是出丧时拉灵车的人。贺老此时担任礼部侍郎，便由他来负责挽郎的遴选。贺老因为年纪大的缘故，在这个关键时刻犯了一点小错误，把跟自己关系好的官员子弟们选了进来，至于公平什么的就没有顾上。

他这种"举贤不避亲"的做法，这下可就捅了马蜂窝了。那些不怕事的高官子弟们气势汹汹地把礼部大院围了个水泄不通，并且放出狠话要把贺老揪出来。礼部办事人员赶紧把大门关上了，但外面依然是群情激愤。总得将事态平息吧？贺老只好在围墙上搭了一架梯子，顺梯登上围墙，伸出头来向各位高官子弟解释。好在贺老口才好，说服这几个高官子弟还不算太难，可是这么多年积累起来的英名就这样给毁了。就因为这件事，朝廷将他调任工部侍郎。虽然同是侍郎，可是礼部在六部中排行第三，工部排在末尾，两者之间相差了半个品级。所以，从某种程度来看，这也算是贬官吧。不久以后，贺老又被调任名头有点吓人却无所事事的太子宾客兼任秘书监。

贺老的太子宾客一做就是十多年，他自己也乐得拿着朝廷的高薪而不用按时上下班。

但贺老作为唐朝前期的一位重要诗人，其诗作对唐诗的健康发展具有一定的推进作用。他对盛唐诗歌创作实践也具有一定的示范意义，并对盛唐诗歌的发展与繁荣起到了"一花引来百花开"的作用。因此，大家对贺老是相当地敬重。

贺老的诗歌以绝句见长，除祭神乐章、应制诗外，其写景、抒怀之作风格独特，从容不迫，淡而有味。其诗最大的成功之处，在于反映和表现了人情人性中最本质的东西，写出了人类所共有且具有特定指向的一种情感，如《回乡偶书二首》。他继承和发扬了陈子昂标举"魏晋风骨"，追求"比兴寄托"和高扬"人情人性"的精神，对由初唐李峤所倡导、躬行的咏物诗予以大胆的突破，写出了脍炙人口的不朽诗篇《咏柳》。或许是生逢盛世和仕途顺利的缘故造就了他旷达洒脱的个性，因而在他的诗歌中没有愤世嫉俗和身世悲凉的哀叹。即使有惆怅，诗的基调也是乐观豁达的，并且风格气度雍容，清新潇洒。贺老的诗歌感情自然、逼真，语言朴实无华，毫不雕琢。他的诗源于生活，发于心底，意境深远。

李白手里捧着茶杯还在遐想呢，忽听得贺老传来爽朗的声音："小李啊，时间不早喽，咱俩今天好好喝两盅去，我请客！"李白一看天已晌午，到吃饭的时间了。于是，便跟着贺老到附近的酒家。

李白可是知道贺老的酒量跟自己是有得一拼的，杜甫的《饮中八仙歌》里，第一个出场的酒仙便是贺老。"知章骑马似乘船，眼花落井水底眠"是说他喝高了坐在马上东倒西歪，像坐在浪尖的船上摇啊摇；老眼昏花，醉不识路，掉到井里了，还能在水中呼呼大睡。这个老酒仙的形象，可真是可爱极了。李白每次读到这里，就忍不住想揪一下这贺老的白胡子。

第七回　太白的江湖地位

最后买单的时候,还演绎出了一个著名的"金龟换酒"的故事。原来,贺老掏腰包结账时,发现没带钱包,于是就解下腰间皇帝御赐的金龟饰品给了酒家抵作了酒钱。

这让李白大为感动!贺老是朝廷三品命官,在这个小酒馆里吃饭,就是吃顿霸王餐都算是给老板天大的面子啊。可是贺老却不以官欺民,把御赐的金龟拿来抵换酒钱,这真是体现了贺老的旷达豪放之性情啊!

BOSS 直聘

李白与贺老喝完金龟酒的几天后,便有圣旨传到让他明天进宫。

第二天一早,他便跟着内侍来到大明宫。12 年前他初来长安时只能手搭凉棚隔着宫墙遥望宫殿,而今天却可以昂首阔步地由当中最大的一道宫门丹凤门直走入内,李白心里不免有些自鸣得意。他边走着,边放眼四顾。那含元殿果然不同凡响,但见:

> 含元殿宇蠢百尺,翔鸾栖凤翼飞峙。
> 坡道迤逦若游龙,龙首原高炫帝意。

李白跟着内侍沿着长长的青砖镶铺的坡道到了大明宫的正殿含元殿后,又绕过栖凤楼折向西北,向麟德殿走去。

李白心想马上就要见到 18 年里朝思夜盼的皇帝,不免激动和紧张起来。身由父母,命由天意,天意就是宝座上端坐的高高在上的那位皇帝呀,他将决定我的命运、我的前途、我的未来、我的人生。想到这里,他的脚步变得凝重而迟缓起来。要知道,这位玄宗皇帝可不是昏聩无能的皇帝,而是一位雄才大略的明主。

唐玄宗李隆基,小名叫阿瞒。历史上叫阿瞒并且有记载的只有两个人,一个是唐明皇,另一个是曹操。曹操,虽然没有当皇帝,但也是一代枭雄，如果没有当初的曹操可以说就没有后来的曹魏政权。唐玄宗之所以小名叫阿瞒是因为他自幼虽生活在宫帷风云激荡的多事之秋，但从小就志存高远。他身处李唐王室，一睁眼看到的却是武家的天下，壮志难酬，于是就以阿瞒即曹操小名自诩，立志和曹操一样成就一番大业。他是唐朝在位最久的皇帝，庙号"玄宗"，又因其谥号为"至道大圣大明孝皇帝"，后来人们习惯上就称他为唐明皇。

唐明皇从武则天长寿二年（公元693年）被降为临淄王，到先天元年（公元712年）接父王帝位登基前后共计经历了19年的艰难创业。而这19年是在充满血雨腥风的政治斗争和宫廷政变中度过的。他4岁时，过继给老爸李旦的长兄孝敬皇帝李弘为嗣，初封临淄王，后改封楚王兼任潞州别驾。25岁时与姑姑太平公主搞统一战线，联手发动唐隆政变诛杀韦后。他将胜利果实拱手相让给了自己的老爸，自己因首功从家里的排行老三获得了太子位。但后来太平公主因权力斗争的缘故与他的矛盾加深到不可调和，以至于想通过武力废他的太子。玄宗得知消息后，先下手又发动了先天政变，赐死太平公主。李旦于是就禅位于李隆基，自此才取得了唐朝的最高统治权。当年，唐玄宗把年号改为开元，表明了自己励精图治，再创唐朝伟业的决心。

唐玄宗虽然在清除太平公主之后，彻底巩固了皇权，但当时的形势却不容乐观：兵变大大地伤了朝廷元气，吏治的混乱和腐败亟待治理。所以，唐玄宗表示要量才任官，提拔贤能之人做宰相。在这方面，唐玄宗眼光精准，能够根据时代需求来选拔贤才。如著名的宰相姚崇、宋璟、张说、张九龄等。

唐玄宗不仅慧眼识贤相，还对吏治进行了整治，提高官僚机构的办事效率。开元三年（公元715年），玄宗明确宣布："官不滥升，才不虚授，惟名与器，不可以假人。"他采取了很多有效措施：他决心选贤任能，量才授职，整饬吏治。首先是严格铨选制度，精简机构，裁汰冗员，提高了

第七回　太白的江湖地位

办事效率，减省了财政开支；推行严格的考核制度，加强对地方官吏的管理。巡查民情，纠举违法；恢复谏官和史官的宰相会议制度，行政能透明，权力有监督；对郡县的官员进行工作绩效考核，优秀的马上提拔，名不副实的，立刻罢黜。

在公元723年，即开元十一年，唐玄宗接受了宰相张说的兵役改革主张，建立雇佣兵。从关内招募到军士12万人，充当卫士，这就是"长从宿卫"，也叫作"长征健儿"，这次改革是从府兵制到雇佣兵制的转变。此后经过十多年的努力，玄宗将这种制度推广到了全国。将原来的府兵轮番到边境守卫的做法取消，解除了各地人到边境守卫之苦。同时，提高了军队的战斗力，为收复大量失地提供了军事保障。玄宗逐步把营州等地收复了，长城以北的回纥等族也自动取消了独立割据的称号，重新归附唐朝。安北都护府恢复后，唐朝得以重新行使对长城以北土地的管辖权。西域地区通过收复碎叶城和重新恢复了丝绸之路，使唐朝政府的威望在西域重新建立了起来。

至开元到天宝年间，唐玄宗设立十大节度使，北方形成平卢、范阳、河东、朔方、陇右、河西、安西四镇、北庭伊西八个节度使区，加上剑南、岭南共为十个镇，始成为固定军区。节度使受命时赐双旌双节，得以军事专杀，行则建节，威仪极盛。节度使集军、民、财三政于一身，又常以一人兼统两至三镇，多者达四镇，威权之重，超过魏晋时期的持节都督，时称节镇。但由此却造成了外重内轻的弊端，遂酿成了后来的安史之乱。

为增加朝廷收入，打击强占土地、隐瞒不报的豪强，唐玄宗发动了一场检田括户运动。当时的豪强霸占了农民的土地之后，称为"籍外之田"，他们还将逃亡的农户变成自己的"私属"，在土地和人口两方面逃避税收。公元712年到公元725年之间，唐玄宗的检田括户运动收到了实效。他任命宇文融为全国的覆田劝农使，下设十道劝农使和劝农判官，分派到各地去检查隐瞒的土地和包庇的农户。然后把检查出来的土地一律没收，同时把这些土地分给农民耕种。对于隐瞒的农户也进行登记。这样下来，一年增加的户钱就高达几百万钱之多。

通过这些有效的措施，唐玄宗使唐朝的经济又步入正轨，减轻了农民的负担，同时也增加了财政收入，促进了经济的繁荣。唐玄宗也凭他的知人善任、赏罚分明、办事干练果断，开创了举世闻名的开元盛世。

其实唐玄宗真的是个内外兼修、综合能力俱佳的好老板，不仅有思路、懂管理、会经营，使公司综合实力在30年内很快发展成为世界500强之首。而且，个人爱好广泛，工书法、懂音乐、会舞蹈。

《旧唐书·本纪》称李隆基"多艺尤知音律，善八分书"。书法工整、字迹清晰、秀美多姿，是中国书法史上著名的帝王书法家之一。

唐明皇极有音乐天分，乐感也很灵敏，他亲自演奏琵琶、羯鼓，擅长作曲，作有《霓裳羽衣曲》《小破阵乐》《春光好》《秋风高》等百余首乐曲。登基以后，在皇宫里设教坊，在梨园弟子们合奏的时候，稍微有人出一点点错，他都可以立即觉察，并给予纠正，这是后来称戏班为"梨园"的由来。

唐明皇还很喜欢舞蹈，相传著名的《霓裳羽衣舞》的曲调，就是他根据西凉节度使杨敬述将从印度传进来的《婆罗门曲》来润色改编，又称有月宫的神仙托梦与他创作而成的。

开元二十九年（公元741年），唐玄宗将懂音律、擅长歌舞、美貌绝伦、艳丽无双的杨玉环召进宫里，开始了一段神仙眷侣的甜蜜生活……

正当李白还在沉思默想的时候，内侍提醒他已到金銮殿了。李白一看这座宫殿，其规模大小虽次于麟德殿，但金光闪闪，令人目眩，大殿门口警卫森严，香烟缭绕。李白刚到大殿门口时，就听得殿上高声传唤："圣上有旨，宣李白上殿！"

有一个关于老板的定义是，老板就是那个老板着脸，你见不得又离不

第七回　太白的江湖地位

得的主儿。但今天李白见到的老板，不仅没有板着脸，相反却是和颜悦色地降辇步迎，还主动迎上前来跟他亲切握手："你旅途车马劳顿，一路上辛苦了吧！"李白一听这话，激动得眼泪就要喷涌出来了，有点语无伦次地道："还好，还好！"

老板叫人搬来七宝床椅，请李白坐了上去，然后自己亲自端起碗，亲手用勺子调好饭菜和汤，让李白用餐。史书记载："降辇步迎，如见绮皓，以七宝床赐食，御手调羹以饭之。"这么高规格的待遇让李白此时的幸福指数就要蹿到外太空啦！

李白心想，找工作直接跟老板谈谈就是爽，既不需要繁文缛节，也不需要拐弯抹角，现场办公效率就是高。

工作不用996

李白上班的具体地点就在大明宫内的翰林院北办公区，它的南边就是翰林院的学士院。他现在终于成为一名官员了，并且还是皇帝亲自面试的特长生，享受从五品的待遇。他的职务是翰林待诏，也叫翰林供奉。工作的主要任务是，专门负责为老板做重要文件的起草、会议通知的发布、会议纪要的整理、存档以及重大文化活动的策划、编撰、诗文创作等。

想着天天都在这样高大上的地方与那些当朝的大臣们共事，李白这心里就乐开了花。从此，他的家里就不用再买糖了，因为他每晚做的梦都很甜，很甜！

此时，李白心里颇为百感交集：

"从开元十二年（公元724年）我带着经天纬地的雄心，离开故乡而踏上远游的征途算起，我用了整整18年的时间，才走进了我梦寐以求的京都长安，才迈步走进了大明宫这巍峨而神秘的宫殿。

"18年里，我曾'孤剑谁托，悲歌自怜，迫于凄惶，席不暇暖。寄绝国而何仰,若浮云而无依。南徙莫从,北游失路'。我经受了众多官僚的冷落与轻视;18年里,我散尽了出蜀时所带'30万金'的远游基金后,又落魄得身无分文却心忧天下,还经历了穷困潦倒的窘迫;18年里,我曾辜负了多少亲朋好友的重托和期望,特别是妻子替我背负了多少冷眼和重压?

"真的是'有心人天不负啊',如今皇上让我来翰林院上班了。而且,他在接见我的时候,态度好像当年汉高祖刘邦见到了商州四皓那样,是多么的挚意,是多么的虔诚!

"以前遭受那一切的艰辛、挫折、屈辱、蔑视,全都被雨打风吹去了。这一次,我不再跟你们那些看不起我的人开玩笑了,我的大鹏鸟要正儿八经地展翅高飞了。而且,是'激三千以崛起,向九万而迅征'!从此,我就可出将入相、踏上人生巅峰,前途无可限量!"

那天李白一大早就迈进了高高的丹凤门,穿过600米长的含元殿的广场,沿中轴线大步走过宣政殿和紫宸殿之间长长的坡道,然后再向西,就到了大明宫右银台门下。首先映入眼帘的是三个古朴苍劲的大字"翰林院",大门是朝东的方向。进入大门后,向南是学士院的办公区,向右就到了自己的办公区,办公大厅往东边走的第一间办公室是承旨阁。南北两个办公区域都独立开门,有走廊连通。整个翰林院处于大明宫的夹墙之内,有走廊直通大明宫内的麟德殿和金銮殿,而且不用绕道。想象一下吧,皇帝一有什么事情急召去金銮殿,用不了拐几个弯,立马就能走到。

李白在翰林院上班后的自我感觉是相当不错的,他在《赠从弟南平太守之遥二首》里,就将他这种自我的满足感做了最好的诠释:

天门九重谒圣人,龙颜一解四海春。
彤庭左右呼万岁,拜贺明主收沉沦。
翰林秉笔回英眄,麟阁峥嵘谁可见?

第七回　太白的江湖地位

承恩初入银台门，著书独在金銮殿。

龙驹雕镫白玉鞍，象床绮席黄金盘。

当时笑我微贱者，却来请谒为交欢。

李堂弟啊，我告诉你呀，我迈步走进那九重高门就能谒见到老板。老板龙颜大悦的笑靥，常令我感觉到四海都沐浴春风。不时，你还可以听到宫中彤庭四下里高呼万岁的声音，朝臣们纷纷拜贺圣明之主收揽到了我这个不世之英才。

在翰林院办公时，我下笔如有神的样子常吸引皇上那惊奇而又赞赏的目光，我在藏书丰富、峥嵘高峻的麒麟阁内静静地思考、读书，接受皇帝的问候。这样的待遇、这样的荣耀谁能轻易地享受到呢，更别说一般的人能有机会见到我了。

我在银台门能自由出入，我在金銮殿能独自随兴书写和草拟皇帝的文件，我进出宫门乘的是龙驹宝马，连脚镫上都雕刻着精美的饰案，骑的马鞍上都镶嵌着珍贵的白玉，我睡的是皇家的象床绮席，吃的是用黄金盘盛装的美食。

老弟啊，说来最有趣的是，以前曾经讥笑我微贱的那些人，现在看我混得如此牛，都低声下气地来与我交好。

李白的另一首诗：《翰林读书言怀呈集贤诸学士》，也很能说明他开始在翰林院工作时，体验到满满的成就感。一开头就交待："晨趋紫禁中，夕待金门诏。"一副很有规律的上班族模样，大清早去紫禁城候命，傍晚还在统称为金马门的翰林院忙碌。其中透露出一个重要信息：我跟皇帝走得很近，你有什么要我帮忙的？我是可以替你在老板面前美言几句的！

还有，《东武吟》："恭承凤凰诏，欻起云萝中。清切紫霄迥，优游丹禁通。君王赐颜色，声价凌烟虹……归来入咸阳，谈笑皆王公。"他说，自己很能得到皇帝的宠信，往来宫禁之中，身价很高，仿佛就要进入唐太宗表彰功臣的凌烟阁了，身边谈笑的人物都是王公大臣。

又如，《驾去温泉后赠杨山人》："一朝君王垂拂拭，剖心输丹雪胸臆。忽蒙白日回景光，直上青云生羽翼。幸陪鸾辇出鸿都，身骑飞龙天马驹。王公大人借颜色，金璋紫绶来相趋。"一朝得到君王的重用，就要全心全意的为国效力。得到皇帝的恩遇，就会青云直上。我陪侍着皇帝的驾辇出城门，胯下是圣上所赐的宝马。王公大人纷纷前来巴结，达官显要都来与我交往。李白就这样反复晒他的各种幸福感和满足感！

除了晒一晒幸福感外，他觉得还必须提一提学习的情况。他说自己在翰林院没事的时候，就到集贤院去读读书、做做笔记什么的，探究一下古人著述的至言妙理，如果有所体会和心得，即使是片言只语，也不禁要合拢书卷，高兴得大笑起来："观书散遗帙，探古穷至妙。片言苟会心，掩卷忽而笑。"

至于翰林院的天气嘛，也不妨透露一下，那也是极好的。这里，虽说是皇家的宫院，可是有时候云天清朗，那清风徐徐地吹来，还真有点过去在山林当隐士的味道呢。我闲倚栏杆，清风拂面；我吹吹口哨，赛过神仙："云天属清朗，林壑忆游眺。或时清风来，闲倚栏下啸。"

翰林院的生活，真的很适意，有时，还有意外的惊喜呢。那一次我奉诏作《宫中行乐词》，那天老板看我作的词很是喜欢，立马赏赐给我一件宫锦袍衣当纪念品，激动得我一连好几天都在请客喝酒。

老弟呀，我还想悄悄地跟你说一下，别看我总是"晨趋紫禁中，夕待金门诏"，好像成天都很忙，老是在加班似的。其实，加班的事情只在我刚上班的时候出现过那么一两回。后来，每天上班我就基本上是"清切紫霄迥，优游丹禁通"，我优哉游哉地上下班，倒好像到大明宫来逛公园似的。这工作呀，根本不用"996"，要是看我的考勤记录，我能"995"就算烧高香了。有时跟伙计们喝高了，还一连几天都不去签到呢。

李白最后还深刻地总结道，机遇这东西很怪，它不理你的时候，你再

第七回　太白的江湖地位

怎么折腾也没有用,最后只能是自己折腾自己;它一旦青睐你的时候,你怎么折腾都行,越折腾越会折腾,并且折腾什么得到什么。这时候,幸福就是一副让人猝不及防的调皮模样!

大漠公叹曰:

> 人生得意啥都有,谪仙开喝金龟酒。
> 金銮殿上开龙颜,平地乌云遮高楼。

李白既然找到了满意的工作,给的工资待遇又不错,关键的是老板也很看好他。接下来,他就应该甩开膀子好好大干一场了吧。那他后来在工作中的具体表现到底如何呢?欲知详情,且听下回分解!

第八回

不太明白的岗位说明

定位并不是要你对产品做什么事情,定位是你对产品在未来潜在顾客的脑海里确定一个合理的位置,也就是把产品定位在你未来潜在顾客的心目中。定位其实就是你到底能为你的服务对象提供什么解决方案。

传统儒家的道德观念和追求"学而优则仕"。学习的最高境界和目的就是要当官,并且还要当高官。"学成文武艺,货与帝王家",如果能将自己的才华和能力卖给皇家,就能有机会替朝廷出力为国家做事。这样,学习力才能转化成为生产力,个人才可以实现自己的价值最大化。

每个人都想"货与帝王家",将自己卖个好价钱,当然最好是天价,这样就可将位子、票子、妻子、孩子、车子、房子、面子一揽子打包上市,摇身一变后自己就是一副成功的样子。但问题是,买家的钱也不是天上飘来的,在拍板成交之前也是要对你的产品做好多次分析的。

你卖什么,你能卖什么?他买什么,他买了后感觉如何?这是个大问题!但问题的关键,其实就是定位的问题。

定位,可以是一件商品、一项服务、一家公司、一个机构甚至是一个人,也可以是你自己。

关于定位方面的理论研究书籍很多很多,其实就是简单的一句话,定位就是你到底能为你的服务对象提供什么?

话虽然简单,但雨天路滑,道路复杂,有点害怕。

拐弯又遇弼马温

长安最近西风刮得紧,冷飕飕的,皇帝好久没来上朝。朝堂总是空空的,因而总好像少了一些人气和生气。人是一种很奇怪的群居动物,人多的时候嫌拥挤和嘈杂,人少的时候又嫌寂寥和虚无,要不多不少才刚刚好。但不多不少又没有个准数,标准只在心情那里存放。

几天后,李白终于将老板给盼回来了。

第八回　不太明白的岗位说明

那天上朝结束后，皇帝单独将李白留了下来。

经过一番交谈，李白的心有种被掏空了的感觉：我意气风发、信心满满地来到金銮殿，是要奋吾智能、愿为辅弼的。搞了半天，我在你眼里，就是个陪吃、陪玩、陪写诗的"三陪"呀。那我"使寰区大定，海县清一"的人生理想咋办呢！

李白都不知道自己是怎么回到住处的，心烦得紧。幸好，还有几瓶酒在。他喝着喝着，突然想起了"猴王大闹天宫"的故事。他以前还觉得故事描写猴王在天庭当上弼马温这段蛮有意思的：

"当时猴王欢欢喜喜，与木德星官径去到任。事毕，木德回宫。他在监里，会聚了监丞、监副、典簿、力士、大小官员人等，查明本监事务。"

看来猴王对这个官位还是蛮在乎很满意的，上任之后，马上雷厉风行地展开了工作。

"这猴王查看了文簿，点明了马数。本监中典簿管征备草料；力士官管刷洗马匹、扎草、饮水、煮料；监丞、监副辅佐催办。弼马昼夜不睡，滋养马匹。日间舞弄犹可，夜间看管殷勤，但是马睡的，赶起来吃草，走的捉将来靠槽。那些天马见了他，泯耳攒蹄，都养得肉肥膘满。"

猴王干工作非常敬业，别人一天干 8 个小时，他是一天干 24 小时昼夜不睡。不仅跟着他的监丞、监副、典簿、力士受不了，连他养的天马也受不了。

是啊，跟着这样的工作狂，不发狂才怪！

猴王上任之前，这些官儿和跟班是怎么工作的？能偷懒则偷懒，能捞点钱就捞点钱，监丞、监副就是老大老二。现在孙猴子上任了，猴精猴精的，别说捞钱，连想偷一点懒也不行。他们会没有意见？

终于有一天，这些人逮到报复的机会了。

一朝闲暇，众监官都安排酒席，一则与他接风，二则与他贺喜。正在欢饮之间，猴王忽停杯问曰："我这弼马温是个什么官衔？"

上级问下级，我这个官大吗？一般下级肯定马上会说：大，那是相当地大哟！即使不想拍马屁，也会说：弼马温还真的不错。

如果这些监官们如此回答，相信猴王也不会生气，猴毛也不会竖起来，更不会大闹天宫去。

但是，他们怎样说的呢？

众人给他竖了一个小拇指，说道："末等。这样官儿，最低最小，只可与他看马。似堂尊到任之后，这等殷勤，喂得马肥，只落得道声'好'字；如稍有些差池，还要见责；再十分伤损，还要罚赎问罪！"

下级居然嘲笑上级官太小，简直就是玉帝的奴才，这不是当面打脸吗？而且，他们说的根本不是事实。像他这个官，只要到基层说考察天马，肯定有一大批土豪跟在他屁股后面转，都要把自己儿子送去当天马（龙王三太子不也是当了一匹马吗）。

在这些下级的挑拨下，猴王终于怒了。

李白当时还笑道，这猴王果然是长着一副猴脑子，被这些小人们稍微一挑拨就吃亏上当了，就猴急猴急的要跳墙造反。可现在，结合自己当下的情况，我李白在皇帝眼里不就是个文人小跟班吗？不也是个猴王式的弼马温吗？他的心又一次被掏空了。

但是，也不对，我跟猴王当年的弼马温还是有本质区别的，我可是皇帝钦点御批的官员呀，是有翰林院正式编制的，在皇上请大臣们吃饭的时候，我的座席是仅次于宰相的呀。

那么，同样是进翰林院的大门，怎么又分了翰林待诏、翰林供奉、翰林学士呢？

李白挠了挠头皮，搞不懂。头痛得厉害，想睡了。他心想，还是明天上班后，问问贺知章贺老吧。他在京城做官五六十年，门儿清！

第八回　不太明白的岗位说明

待诏、供奉、学士有何区别

第二天见到贺老，李白就把昨天的困惑一五一十地说了出来，贺老一边捋着他银白色的胡须，一边不紧不慢地跟他娓娓道来。

翰林，即文翰之林，意犹文苑。翰林一词最早见于汉代文学家扬雄的《长杨赋》。而以其名官，则始于唐代。

这个翰林院就设置在大明宫宫内的北边，麟德殿之西，比中书省的中书舍人院更接近于皇帝的寝宫内殿。里边驻着许多有才能的人，专门接受皇帝的咨询，提出建议和提供解决方案等，这都叫作待诏之士。待诏之士都是各行各业的人才，门类繁多：词学、经术、合炼、僧道、卜祝、术艺、书法和棋艺，以及各色人等，无所不包。

在翰林待诏的各类人选中，文辞之士最受重视。唐玄宗一朝，张说、陆坚、张九龄、徐安贞等人待诏翰林时，地位都很高，远远超过其他门类的翰林待诏。在最开始的时候，因待诏之士的工作性质，好像并没有确切的名字。在开元初有了翰林院之后，待诏之士才被正式称为翰林待诏，那些文辞之士因最受皇帝的重视，则被称为翰林供奉。虽然工作范围和性质有所不同，名称也有分别，但翰林供奉和翰林待诏仍然在一处办公。

后来，由于待诏翰林的各色人才比较杂乱，不利于皇家行政事务的保密工作。故于开元二十六年（公元738年），又在原翰林院之南另设立了学士院，专供草拟诏制者上班用，供职者称翰林学士，以对翰林待诏和翰林供奉加以区别。学士院和翰林院虽然分开办公，在业务上有了区别，实际办公距离还是很近，仍然在同一个院子里。

可以看出，所谓的翰林学士，在工作的性质和内容上又要高于翰林供奉。他们基本上是通过严格的科举体制和地方行政锻炼而来的文辞精英，而且离皇帝更近。他们的日常工作是，为皇帝分担中书省所掌管的机要行政事务。这样不仅可以起到弱化和压制宰相权力的作用，也可以使翰林学士只听命于皇帝。

翰林待诏是基础层级，人数多，门类广，功能多，为帝王提供的是个人咨询服务，大多不参与国家行政事务。

翰林供奉层级高一些，人数少，功能少，它的职能，是和集贤院学士分掌制诏书敕，承担了一定的具体行政工作。

翰林学士，则是最高的层级，人数更少，专掌内命。高度参与政治，地位也高出许多。翰林学士们不拿薪水，他们的工资奖金在自己实际行政职务中体现。

最后，贺老又强调了一遍："千万不要搞混淆，学士院的学士才能被真正称为翰林学士的啊。"

"贺老呀，皇帝给我封了个翰林待诏，我看有事召一召，无事算拉倒。我怎么就觉得自己就是玉皇大帝给猴王封的那个弼马温呢！"李白跟贺老说道。

贺老听后，不禁哈哈大笑了起来，然后又表情严肃地对李白说道，你这是钻牛角尖啊，待诏怎么了？年轻人不要在意那些虚头巴脑的称谓！你看我，工作了50多年，在国子博士和在太常寺做礼官的任上哪个不是一干就十几年的，直到开元十三年（公元725年）才升到了礼部侍郎兼任集贤院学士，业余时间还要陪太子读书。板凳要坐十年冷，文章不写一句空。你有真才实学怕什么？

再说了，张说、张九龄他们在当宰相前，不也是在翰林待诏的岗位上锻炼了好几年吗？更何况，你还是咱们文人朋友圈唯一受到皇帝优渥恩宠的人，文辞待诏的级别就相当于翰林供奉呀。你在意这个干啥？

还有，你怎么也看不起养马的呢？

春秋战国时期，凭借自己三寸之舌退了秦兵，为郑国立下大功的烛之武开始不也是养马的吗？在齐国成为一代名相的管仲，开始不也是个养马

第八回　不太明白的岗位说明

的吗？西汉武帝时期，凭赫赫战功而封侯拜将的卫青早年也是养马的呀！远的不说了，当朝屡立功勋，最后荣封大将军、位极人臣的王毛仲不也是开元初年由于擅长养马而得到提拔重用的吗？

一连串的反诘问话，说得李白脸上火辣辣的，并感觉到了自己的浅薄和猥琐。同时，也为贺老的博学和洞察所折服。

姜还是老的辣呀，谈笑间，李白心里的顾虑就灰飞烟灭了。

当李白挥手跟贺老告别的时候，猛然一转身才想起今天只是搞清楚了什么是待诏，什么是供奉，什么是学士，可自己最重要的纠结还没有说透呢！皇帝仅仅将我作为文辞待诏的身份来定位我的工作岗位，而我的定位是要实现宰辅的抱负，这不太合拍呀？

欲待再过去追问，但最终还是作罢了。

奉旨填词

李白的心里虽然有块很大的阴影面积，但工作还是要干的，免得别人飞短流长地背后议论。

天宝二年（公元743年）三月，春天来了，春天来了。你看，那兴庆宫的花都开了，红的，黄的，紫的，真是美丽极了。你看那小草都探出了头，那柳树都笑弯了腰。

有一天，唐玄宗跟杨贵妃在月下听乐观舞，突然想起了李白，于是吩咐高力士说："如此良辰美景岂能辜负，你去把李翰林请来，让他把今天的事儿写成诗，好使后人见证一下咱们大唐的开元盛世。"高力士找啊找啊，快把腿跑断了才在宁王李宪家找到了李白。可是这次李白在宁王府邸又喝高了，连路都走不动，高力士只好派人将醉醺醺的李白抬进兴庆宫里。李白喝得烂醉，见了皇帝连行礼都有点困难。

高力士注意到皇帝虽然嘴上说让李白免礼平身了，但脸上却微露出了不悦之色。皇上命李白以《宫中行乐》为题写几首诗应景。

李白虽然醉意蒙眬的,但心里还是有数的。

唐明皇命两个太监扶着李白,再让人把饱蘸浓墨的笔递到他手里。李白操笔疾书,文不加点,须臾便写好了十首诗:"小小生金屋,盈盈在紫微。山花插宝髻,石竹绣罗衣。每出深宫里,常随步辇归。只愁歌舞散,化作彩云飞""柳色黄金嫩,梨花白雪香。玉楼巢翡翠,金殿锁鸳鸯"……

李白的这一组花团锦簇的行乐诗词,围绕皇宫里的罗绮、宝髻、翡翠、鸳鸯、玉楼、金殿、宫花、绿树、宫莺、檐燕等一系列意象,展现了种种豪华绮艳和曼丽风神。

皇帝看后龙颜大悦,连声赞叹:美得很!美得很!当场传旨下去,要著名乐工李龟年尽快将这组词谱曲以便传唱。

又过了俩月,正是兴庆宫沉香亭的牡丹花争芳斗艳的时候,唐玄宗就带着杨贵妃一块去赏花了。他们赏花很开心,那些梨园弟子们马上也来助兴了。李龟年一边手捧着一个歌曲目录单呈给皇帝,一边恭敬地说道:

"陛下,微臣方才看到您和贵妃娘娘今天气色甚佳,就比往常多准备了一些助兴的节目,您今天想听什么歌呢?"

皇帝看了一下节目单,皱了皱眉头道:"赏名花,对妃子,焉用旧乐辞为?"意思是说,朕今天赏着名花,对着大美人,怎么能再唱这些陈词滥调呢?

李龟年这下可为难了,急得抓耳挠腮,这到哪里去弄现成的新歌词嘛?这时,贵妃娘娘就建议道:"皇上,咱不是有现成的写词高手诗仙太白嘛,何不让他到此一展身手呢?""哦,对对对,朕怎么把他给忘了呢,李龟年你拿着我写的这个纸条立马去翰林院将李翰林请来。"

李白被召入兴庆宫时,又是一副烂醉如泥、不省人事的样子。唐明皇让人在他脸上浇了一瓢冷水,待他稍稍清醒一点了,便命他写诗。李白也真没有辜负皇帝和娘娘的期望,一气呵成地写出了那著名的三首《清

第八回　不太明白的岗位说明

平调》：

第一首："云想衣裳花想容，春风拂槛露华浓。若非群玉山头见，会向瑶台月下逢。"

每当我看见天上云彩的时候，就想起了你绮丽的衣裳；每当我看见鲜艳的花朵就想起了你似玉的容颜。在春风吹拂之下，您像一朵花一样盛开了，绽放了。如果说我不是在王母娘娘的群玉山头见过您的模样，那我一定是在神仙瑶池那儿与您相逢过，因为你长得就跟仙女一样漂亮，不同凡响。

第二首："一枝红艳露凝香，云雨巫山枉断肠。借问汉宫谁得似，可怜飞燕依新妆。"

您就像一枝红艳的鲜花，随时都在吐露着芳华。与您相比，那个跟楚项王巫山云雨的仙女，又算得了什么呢！那么在历史上有没有谁可以与贵妃您相媲美呢？恐怕仅仅是那汉朝的赵飞燕在盛装之后，才有在您面前露一回脸的资格。

第三首："名花倾国两相欢，常得君王带笑看。解释春风无限恨，沉香亭北倚阑干。"

名贵的牡丹花和花一样高贵的美人在君王面前绽放了，引得了君王笑逐颜开，无比欢欣。希望君王能够长长久久地欣赏这样的美景。如果说人世间还有什么景象能让人一看之下万恨全消的话，那就是我们在沉香亭畔看到的这一幕吧。

杨贵妃和唐玄宗读完这组新词后，当即就被震撼了！

"太真妃持玻璃七宝盏，酌西凉州葡萄酒，笑领歌，意甚厚。"

杨玉环听了这三首新词之后，马上在玻璃七宝盏中斟上了从西凉国进贡来的葡萄酒，然后一饮而尽，开始领唱这三首歌。

"上因调玉笛以依曲，每曲遍将换，则迟其声以媚之，上自是顾李翰林尤异于诸学士。"

李白长安离职的秘密

因为李白有这么棒的词垫底,皇帝对待李白和对待别的翰林就不一样了,对他更加器重。并且,皇帝还当场将一件宫锦袍作为奖品赏赐给了李白。

李白奉旨填词的事不仅让皇帝高看了他一眼,而且他的太白诗仙的江湖地位也从此得到了真正的确立。

在300年后,也有人想跟李白一样过一把奉旨填词的瘾,却痛苦了一生。他就是"凡有井水处皆唱柳词"、北宋流行乐坛天王级的大佬柳永、柳三变。

柳永那时也是个热血青年,他跟李白一样,把仕途作为自己人生奋斗的第一目标,哪知他的仕途也不是那么一帆风顺。多次参加科考,都没能金榜题名。开始没考上的时候,他倒一点脾气都没有,只是莞尔一笑。今年没考上,三年后重新来考一次不就行了吗:"富贵岂由人,时会高志须酬。"这富贵暂时还不会听命于我个人的意愿,三年后时来运转了,那梦想不就可以实现了吗?

可是,又等到了三年后的赛场,这一次的球还是没有踢进。这时候,36岁的他,年龄有点大,脾气就想发,便写了一首《鹤冲天》:

> 黄金榜上。偶失龙头望。明代暂遗贤,如何向。未遂风云便,争不恣狂荡。何须论得丧。才子词人,自是白衣卿相。烟花巷陌,依约丹青屏障。幸有意中人,堪寻访。且恁偎红倚翠,风流事、平生畅。青春都一饷。忍把浮名,换了浅斟低唱。

这是一首明显带有郁愤之情的牢骚词,有点破罐子破摔的味道。说我没考上有什么关系呢?只要我有真才实学,不愁填不饱肚子。虽然我这次运气差点又没考过,但我实际上不就是个没穿制服的高官能臣嘛?话说回来,当官有什么用?不过是浮云而已,还不如把它换成一壶小酒,然后唱唱小曲来得舒服和自由自在!

又过了三年,老柳再次参加科考,这次,球进了!但临到皇帝圈点

第八回　不太明白的岗位说明

放榜时，出现了意外。裁判宋仁宗看到了柳永的名字后，就想起了他那首《鹤冲天》，心里很生气。裁判很生气，后果很严重，当场给他亮了黄牌："且去浅斟低吟，何要浮名？"去去去，一边玩去，老柳你就好好填词，去做你的白衣卿相吧，别在这儿捣乱！说着就把他的名字从榜上抹掉了。

老柳气得不省人事。幸亏他有一帮铁杆红颜知己，给他又是掐人中又是点穴位，一边还在他耳边做心理按摩：老柳，老柳，你气量大如牛。你奉旨来填词，其实不用愁！

嘿嘿，老柳还真就这么被叫醒了。后来，还心安理得地去填词了，但心里却一直郁郁寡欢。

同样的命题作文，却有各自不同的写法；同样的人生奋斗目标，却有不同的命运结果。

自从李白那次奉旨填词获得皇帝的奖掖后，李白更加有了志得意满的成就感了。

天子呼来不上船

成功不能私藏，要与朋友分享。

成功了的李白，在长安与朋友们一起开始了一段恃才傲物、放浪不羁的诗酒生活：

> 五陵年少金市东，银鞍白马度春风。
> 落花踏尽游何处，笑入胡姬酒肆中。

他把自己春风得意的意象表现得淋漓尽致，是一种激情燃烧的岁月。像富奢的五陵少年那样激情飞扬，敲打着乐器喝着酒，背着宝剑唱着歌；驰骋着骏马，沐浴着春光，出入于花海酒肆，无拘无束。在欢歌笑语中忘怀了一切，不知什么叫时光与金钱，不知什么是愁苦与忧伤。银鞍白马，胡姬酒肆，风光无限好。一人吃饱，全家不饿的生活，怎一个爽字了得！

除了长安西市的胡姬酒肆是他爱光顾的地方，东市附近的长乐坊八仙宫东边的八仙酒肆，也是他时常光顾的尽兴之地。这里的黄桂稠酒颇具盛名，他曾经多次流连和醉卧于此。

记得第一次来长安时，他走到酒肆门口，头就有点晕。最后，只能低着头从酒肆门口踅了过去。

今非昔比，他昂首挺胸地走进那"金樽清酒斗十千，玉盘珍馐直万钱"的五星级酒店"长安大酒店"。

这"长安大酒店"位于长安最繁华的城中心，西临朱雀大街，周边有湘子庙、粉巷、亮宝楼、甜水井。这是一座宏大的庭院式的建筑，园中亭榭楼阁，廊檐交错，错落有致。后园还有一座假山，四周栽种的四色牡丹，花开得正艳。厅堂正中的屏风前置着一张方方正正的大八仙桌，有茶壶茶碗，有书法中堂；厅堂西侧一字排开，放了八个贴着红色"酒"字的大缸。不时有管乐与嬉笑声从屋内传出，也不时有高官巨贾们进出。

酒店内，李白与朋友们正开怀畅饮，纵情歌唱："葡萄酒，金叵萝，胡姬十五细马驼。玳瑁宴上怀里醉，芙蓉帐内奈君何。"美好的时光虽然挽留不住，但每一秒我都想尽情来过……

李白这样地贪杯嗜酒，对工作造成了不良的影响。上班迟到，不打卡已成家常便饭。衣冠不整，身带酒渍也是屡见不鲜。同事的好意提醒他不领情，领导的谈话和意见他不在意，单位的团队活动他觉得没啥意思，能不参加就不参加。于是，对他不好的言论就开始蔓延了。

他自我安慰道，我是老板特聘来的，我应该享受特殊的工作待遇。按部就班的条条框框根本就不适合我这个工作性质，搞创造型工作的核心就是要捕捉火之焰闪耀、心之灵飞升的刹那光华，按部就班的工作制度本身是对灵性的一种束缚和扼杀，是不合理的。你们这样看不惯我，完全是你们的嫉妒心在作祟。我要坚持做我自己，决不向你们庸俗的猥琐的势力低

第八回　不太明白的岗位说明

头和屈服。所以，李白在单位的人际关系搞得不是很和谐，甚至还有点紧张。

不久，一个"饮中八仙"的新闻事件差一点又将他推到了舆论的风口浪尖。

那是一个冬天周末的中午，李白又参加了一场盛大的宴会，地点还是朱雀大街的"长安大酒店"。这次宴会有好多是行业著名的重量级人物：太子的老师贺知章，皇亲国戚、当今圣上的侄子汝阳王李琎，左丞相兼兵部尚书李适之，在开元初做过吏部尚书后又被加封为齐国公崔日用之子、玉树临风的阔少崔宗之，曾做过中书舍人的一代名士苏晋，时下正如日中天的诗仙太白，著名书法家、吴中四士之一的张旭，以嗜酒闻名的焦遂。

那天的宴会中，八位酒仙推杯换盏，开怀畅饮，猜拳行令，高潮迭起，将喝酒的水平推向了一个新高度，现场的气氛那是相当地热烈。

有关宴会的现场被记录下来，这位记录者就是以犀利之笔针砭时弊而著称的杜甫。

阿杜当时因屡试不第心里正窝着一股熊熊燃烧的大火而显得有点愤世嫉俗。他来长安混了好几年，也一直没有找到理想的工作。让他到地方上当县级太尉抓治安工作，他嫌专业不对口；让他当管理器材的专管员，他嫌不高雅。后来，为填饱肚子，一气之下就跑到御史台做事了。这总算跟他的爱好和专业扯上点关系了，所以，他干得很投入。

有他写的《饮中八仙歌》为证：

　　知章骑马似乘船，眼花落井水底眠。汝阳三斗始朝天，道逢麴车口流涎，恨不移封向酒泉。左相日兴费万钱，饮如长鲸吸百川，衔杯乐圣称避贤。宗之潇洒美少年，举觞白眼望青天，皎如玉树临风前。苏晋长斋绣佛前，醉中往往爱逃禅。李白斗酒诗百篇，长安市上酒家眠，天子呼来不上船，自称臣是酒中仙。张旭

李白长安离职的秘密

三杯草圣传，脱帽露顶王公前，挥毫落纸如云烟。焦遂五斗方卓然，高谈雄辩惊四筵。

贺知章不注意个人形象，酒后骑马，晃晃悠悠，如在乘船。万一撞到了行人，特别是撞到了老人、孕妇和儿童而造成了安全事故谁来负责？

汝阳王李琎饮酒三斗以后才去觐见天子，我担心你是否可以保持清醒的头脑？听说在路上你碰到装载酒曲的车，那甘洌飘香的酒味能引得你口水直流，为自己没能分配到"郡城下有金泉，泉味如酒"的酒泉郡去工作而遗憾。

左丞相兼兵部尚书李适之每日不惜花费万钱在搞高消费。酒量大得吓死人，如长鲸吞吸百川之水！不仅如此，他还给自己喝酒找借口，说是为了减压、为了逃脱烦恼，以便随时让贤。我看，他这种工作状态和心态是可以考虑让贤了！

小崔自以为是潇洒的美少年。他举杯豪饮时，老是用白眼仰望青天，睥睨一切，旁若无人。喝高了后，还装出一副玉树临风的样子。辣眼睛啊！

老苏这个人我对他没有好印象！他在佛面前是斋戒吃素，嘴里念的是阿弥陀佛，心里咩的是实话。喝起酒来把佛门的戒律忘得干干净净，见酒就像干柴遇见了烈火。这德行，知识分子的儒雅之气殆尽矣，吾为之蒙羞！

李白这人，吹牛说自己饮酒一斗立马就能赋诗百篇。他常常把长安街头和酒肆，当成了他的自家酒店，他竟敢抗旨不肯上船，嘴里胡诌着说自己是酒仙。说你胖，你就喘上了；说你喝高了，你还成酒仙了。

张旭是个书法家，他饮酒三杯即挥毫作书，时人称为草圣。他常不拘小节，在王公贵戚面前脱帽露顶，挥笔疾书，若得神助，其书如云烟之泻于纸张。

焦遂也是个五杯六杯下肚，就口吐狂言无数的主儿。在酒席上高谈阔论，只不过是想哗众取宠罢了。

第八回　不太明白的岗位说明

阿杜给每个酒仙都画了一幅"肖像画",并针对大唐盛世表面绮丽繁华、歌舞升平,实则暗藏严重的世风日下、奢靡腐败的社会现象进行了入木三分的剖析,给人们以振聋发聩的警示。

大漠公叹曰:

攒足劲头向前奔,回头又嫌弼马温。

成由勤俭败由奢,铺张华靡零容忍!

那么,杜甫的《饮中八仙歌》将会对李白等"八仙"产生什么样的影响呢?这与李白后来突然发生的"赐金放还"事件有什么关联吗?欲知详情,且听下回分解!

第九回

表白的方式

李白长安离职的秘密

弃我去者，昨日之日不可留；乱我心者，今日之日多烦忧。反正，我这工作干起来也没劲了，跟我学的专业不对口。与其在这里干耗着，倒不如像你老元那样回归山林自在快活。乍向草中耿介死，不求黄金笼下生！

欢娱嫌夜短，寂寞愁更长。

欢快的日子总是过得太快啦，一眨眼又不知不觉地过去了几个月。西北风刮得猛，长安的寒冬来临了。

自从上次在兴庆宫奉唐明皇的旨意为杨太真妃写了《清平调三首》后，有半年多不见皇帝宣诏李翰林写什么歌词了。

老板不给员工安排具体的业务而光拿工资，员工开始还大都暗自庆幸呢。嘿嘿，这个好耶！上班事少离家近，数钱数到手抽筋。这不是咱们的最高追求嘛。没事签个到，睡个大午觉；早早回家去，家人相迎笑。老婆孩子热炕头，美！可是，时间一长，心里便惴惴不安起来。天下哪有这等好事呀，光拿工资不干活的员工，最终结果那是可想而知的。

李白开始时想，大概皇帝事情多，一国之君嘛，日理万机。等过完这一阵，皇帝肯定又要跟我商量国事了。后来，见唐明皇还是没动静，他就有点被轻视和冷落的感觉了，心里是越发地空旷和寂寥起来。

此时，已是寒冬。他给皇帝找到了不召见自己的理由，心里便有了些许的宽慰。那皇帝和贵妃每年这时候是必去骊山泡温泉的，等到春暖花开了，宫里又要填新词了，皇帝肯定是要请我的。那时，我必定要跟老板谈谈调整工作的事情。我再也不能这样活了，我是为实现人生理想而生的，我是为实现宰辅之志而来工作的呀。

待诏待诏，就是等待召唤。好吧，我先待诏着，且耐下性子待到那春暖花开！老板，不好意思，您既然没啥吩咐，我天天喝茶也寡淡无味，那我这段时间就跟酒友们好好交流思想感情。我还得赴个重要的酒宴，"烹羊宰牛且为乐，会须一饮三百杯"！

李白赴的这个宴，就是饮中八仙宴。真巧，被御史台的杜甫逮了个正着。

第九回　表白的方式

酒仙老友要退休

阿杜那时已经30岁出头了，不是个毛毛躁躁的愣头儿青。他自己留了个心眼，没有急着发稿，因为他知道这八仙之中有好几位后台都比较硬。

那老贺名号"四明狂客"，在京都混了半个世纪了，是官场里的老油条啦。据说人缘又好，现在还是太子李亨的老师。我给他老脸上泼这脏水，不仅太子不愿意，皇帝也不一定愿意啊，是一块典型的硬骨头，不好啃呀。

李适之这人好酒量，喝一斗也不醉，就按现时的小斛计算，他一下子喝上两公斤酒，脸不改色，心不狂跳，能照常去上班。

这老李不仅酒量大得吓人，他的来头也大得吓人，他户籍证明上加盖了正宗的皇族钢印。他是唐太宗李世民的曾孙，他的爷爷恒山愍王李承乾是唐太宗的嫡长子，曾经还是皇太子呢，后因罪被废为国公。唐中宗的神龙政变成功后，鉴于武则天屠杀李唐宗室殆尽，开始优渥和提拔高祖太宗高宗的子孙后代，以提高皇室影响力。在这种背景下，作为前太子李承乾的孙子，老李，哦不，那时应该叫小李，才开始进入仕途。一路由别驾、右卫郎将干到太守、刺史、都督、御史大夫、幽州节度使、刑部尚书。因为老李为人敦实仁厚，治政宽和而深得人心。去年，自从左相牛仙客去世后，老李开始又官运亨通了，不仅接任了左相兼任兵部尚书、弘文馆学士，还授上柱国、光禄大夫，封渭源县开国公。老李，你集三千宠爱于一身啊！

但老李拜相后，与另外一个老李即掌管中书令的右丞相李林甫（为方便区别就叫他老林吧）总是不太对付。老李这个人性情粗疏，对别人不太设防，老是中那老林设的圈套。

最近，听说老李不得上宠，跟老板的关系有点疏远。《饮中八仙歌》要是发出去，估计够他吃一壶的，会让老李吃不了兜着走。但是，也不好说，他们可都是皇亲国戚唉！阿杜摇头叹息道。

再说那汝阳王李琎，户籍上也盖着皇族的钢印。他归专门处理皇家事务的宗正寺管理，御史台只管尚书省的六部百官，拿皇族一点办法都没有。估计那宗正寺最后也是不了了之，肯定会替汝阳王开脱。

唉，理想很美好，现实很残酷。

阿杜最终丢了饭碗不说，还导致了他三年后科举的再次落榜。

阿杜心里也后悔不迭，怪自己做事情太粗糙，差一点被别人当枪使，差一点还冤枉和误解了李白，差一点就成了千古一恨喽。

贺老85岁了，他本来是要马上动身回老家过年的，皇帝担心他年事已高，说冬天气候不太适宜远途，不如来年春天再回去吧。于是，贺老只好顺了皇帝的圣意，推迟了行程。

贺老越老越真，越老越活宝。皇帝也非常喜欢这"老活宝"，所以才让他来做太子的老师。可是，贺老太老了，有一次，他得了一场大病。病好了一点的时候却做了一个梦，梦见自己游览了天帝的宫阙。醒后，贺老向皇帝上表，要求退休回到故乡，出家做道士。唐明皇不但答应了贺老的要求，还特意安排贺老的儿子贺曾做会稽郡的司马，好在老爷子身边侍奉着。贺老还请求将自己的住宅施舍为道观，皇帝也同意了，还亲自给这个新道观取名叫"千秋观"。

另外，贺老原本在绍兴镜湖这里有一处放生池，告老还乡之后，明皇还担心贺老退休金不够买酒，又特意命令把这处地方赐给他。湖里、湖边的一切出产都作为他的额外收入，想买多少酒就买多少酒。

第二年春天来临的时候，贺老就决定启程了。临走的时候，唐明皇命："六卿庶尹大夫供帐青门。"让太子在城东南的长乐坡举行了一个盛大的酒会来庆祝贺老荣归故里，宰相及文武百官们都来给贺老送行。

皇帝亲自写了《送贺知章归四明》赠贺老：

第九回　表白的方式

> 遗荣期入道，辞老竟抽簪。
> 岂不惜贤达，其如高尚心。
> 寰中得秘要，方外散幽襟。
> 独有青门饯，群僚怅别深。

贺老啊，贺老。你工作了一辈子，忽然想退休归隐，我们在京都城东南门给你饯行告别，朕和大家的心情都是一样的，都很舍不得你走呀！

宰相李林甫写的《送贺监归四明应制》是：

> 挂冠知止足，岂独汉疏贤。
> 入道求真侣，辞恩访列仙。
> 睿文含日月，宸翰动云烟。
> 鹤驾吴乡远，遥遥南斗边。

贺老呀，您这次挂冠而去，可就真正入了道，位列了仙班，从此脱离了凡尘。您驾着仙鹤在吴乡远飞，就和那南斗六星君们遥相呼应啦。看来，我们只有羡慕嫉妒恨的份儿喽！

此外，还有李适之等三十六人都为贺老作了应制的饯别诗，都收录在《送贺秘监归会稽序并诗》的诗集中。

"但是，这其中，并没有我李白给贺老写的诗。什么情况？是我没有写吗？凭我跟贺老忘年交的关系，而且他对我有知遇之恩呀，我能不写吗？我后来还专门将《送贺宾客归越》的诗给贺老寄了过去。令人不解和困惑的是，那天为什么没有人来通知我去参加贺老的告别宴会呢？我觉得，这不是他们的集体无意识，而是老板故意在疏远我，我只能这么去理解！"李白想到这，顿时有点愤愤不平起来。

高力士脱靴的真相

由于贺老是以道士的身份告老还乡的,而李白也一直尊崇道学。因此,他以送出家人的口气写了《送贺宾客归越》:

> 镜湖流水漾清波,狂客归舟逸兴多。
> 山阴道士如相见,应写黄庭换白鹅。

贺老,听说你老家有一个著名的风景名胜叫镜湖,那水面如明镜般清澈透明。这下可对您这位四明狂客的胃口啦,您回去后可以尽情荡舟飘摇喽。据说东晋时曾有王羲之,用黄庭经向山阴的道士换取肥鹅的韵事。我想,您回到老家后肯定也有这样有趣的事在等着您吧。但我劝您最好不要换肥鹅,您年龄大了血脂太高,肥鹅不宜,还是换成无公害的山鸡为佳。嘿嘿!

贺老走了以后,李白的心里空落落的,太阳也迟迟不肯下山,寂寞让白天变得漫长,让黑夜变得难熬起来。

说真的,当莫名的孤独来袭的时候,就算周围的人很多,他们却好像全都是陌生的,并且陌生得叫人害怕。偶尔有人的一句问候或一个微笑,都让人有点受宠若惊。贺老呀,您永远不会知道,像我这样的人,活在世上是多么孤独!李白向东方苍茫的远方翘首遥望。

幸好,这时候另一位好友元丹丘来了,他刚从江东和越中漫游归来,过几天他准备西归华山隐居一段时间。

两人在胡姬酒肆的包间坐定,自然有说不完的离情别绪。后来,当元丹丘问到李白最近的情况时,老元明显看到了李白脸色的苍白和落寞的情绪。

"老弟,不瞒你说,我一路漫游过程中以及回到长安后也听到了一些

第九回　表白的方式

关于你的话题，不知当讲不当讲？"

"老元，咱俩谁跟谁呀，你还用藏着掖着？"李白目光如炬地看向他。

"归纳起来大概有三件事情，第一件事情是抹黑你，说你让高力士脱靴让杨国忠磨墨了；第二件事情是抬高你，把你当成了醉草吓蛮书的英雄；第三件事情是冷落你，说皇帝已经不太待见你了，包括上次贺老回家饯别宴会都没叫你参加。"老元有点愤然地说道。

李白和老元碰了一下酒杯，然后一扬脖子就喝干了："老元，三件事情，我实话实说只有这最后一件事情是真的，其他尽是扯淡！"于是，他就跟老元絮叨起来。

有人说，我凭借三首《清平调》得到皇帝和贵妃的青睐之后，应该在政坛步步高升了，那为何皇帝又疏远了我呢？他们胡说我曾经让高力士脱了一回靴子而羞辱了他，是他又在贵妃面前进了谗言，给我穿的小鞋。

前一段时间我看《酉阳杂俎》编得竟然有模有样："李白名播海内，玄宗于便殿召见，神气高朗，轩轩若霞举，上不觉忘万乘之尊，因命纳履，白遂展足与高力士，曰：'去靴。'力士失势，遽为脱之。"

这篇文章开始还说我名重海内，所以皇帝召见我了，一看见我仙风道骨的模样，皇帝不由得忘记了自己尊贵的身份，赶紧让我坐下。可是当我席地而坐时，皇帝就觉得我穿着靴子不太方便，就允许我脱掉鞋子坐下说话。这时候我却酒壮庆人胆地抬起一只脚，命令高力士把我的鞋给脱掉。高力士被我这昂扬的神气吓坏了，乖乖地就把我的鞋给脱了下来。从此，老高就忌恨上我了。这文章最可气的是，在最后还来一句，不忘踩我一脚，说皇帝看到我让老高脱靴后就断言："此人固穷相""非廊庙器"！说我很猥琐，干不了大事！

还有一篇文章将我涂抹得与上面大同小异："白犹与饮徒醉于市。帝坐沉香子亭，意有所感，欲得白为乐章，召入，而白已醉，左右以水颒面，稍解，授笔成文，婉丽精切，无留思。帝爱其才，数宴见。白尝侍帝，醉，使高力士脱靴。力士素贵，耻之，摘其诗以激杨贵妃，帝欲官白，妃辄沮止。"说我不仅把高力士得罪了，还激起了杨贵妃对我的怨恨！

更可气的有一篇文章里写道："上曰：'赏名花，对妃子，焉用旧乐词为？'遂命龟年持金花笺宣赐翰林学士李白，进《清平调》词三章……会高力士终以脱乌皮六缝为深耻，异日太真妃重吟前词，力士戏曰：'始谓妃子怨李白深入骨髓，何拳拳如是？'太真妃因惊问：'何翰林学士能辱人如斯？'力士曰：'以飞燕指妃子，是贱之甚矣。'太真颇深然之……"

他们这些说法，把我的气宇轩昂描写得倒是淋漓尽致，连皇帝都为之倾倒。也让时下的文人墨客们，欣羡不已。说我风流傲岸，平交王侯。好像唯有这种气度，才配得上我这个"诗仙"的称呼。

但是，这都是在胡编乱造呀，这实在是让人哭笑不得嘛！

我承认平时态度上虽然是有点傲然不羁，但他们硬把我扯到不慕名利和蔑视权贵上来。说我蔑视权贵其实也没事，但我会轻狂到如此没节操、没底线吗？我真的很佩服这些人丰富的想象力和这种春秋笔法。

你想呀，高力士是何许人也？他是左监门卫大将军，正三品官，不仅是皇帝身边首屈一指的大红人，他也是皇帝处理国事的最重要的助手之一，是朝廷中举足轻重的大人物。"每四方进奏文表，必先呈力士，然后进御，小事便决之。"皇帝亲口夸赞他："力士当上，我寝则稳。"说每天只有老高值班，朕才感觉踏实安心，才能睡到自然醒。

更为关键的是，老高这人很靠谱，并没有像东汉那些宦官，倚仗皇帝宠信而狐假虎威，甚至堕落成一个为非作歹的奸臣。他为人既谦虚谨慎又非常的低调，数十年如一日，忠心耿耿协助皇帝处理国事，经常直言进谏，很多意见都能切中时弊。他看皇帝不理朝政，放手重用老林和安大胖子，于是犯颜直谏："天子巡狩，古之制也。天下大柄，不可假人。彼威势既成，孰敢复议之者。"老大呀，天子不能总待在京城的皇宫里，您应

第九回　表白的方式

该到全国各地去巡视，这是古代的老祖宗给咱们留下来的制度。更重要的是皇帝您绝对不能把权柄随随便便地交给哪一个人，一旦有些人养成了一家独大的权威，到时候恐怕就会出现尾大去不掉或者难以驾驭的局面呀！世人对老高的忠诚和能力都十分肯定，盛赞他是"贤宦"。

因此，对太子都要称高力士为兄、王子公主称他为阿翁，连皇帝也不直呼其名的这样一位显赫人物，我怎么会在大庭广众之下当众羞辱老高呢？我的情商会低到这种几乎为零的程度吗？我的智商也会低到贤愚莫辨的境地吗？

还有，杨贵妃是不是因为我写了"可怜飞燕倚新妆"，把她比成了赵飞燕而恨我呀，那就更加不可能了。赵飞燕是何许人啊，赵飞燕是汉成帝的皇后，她是因为美貌和擅长歌舞被选中然后慢慢做到皇后的。拿她来比杨玉环并无任何不妥之处，相反杨玉环还有点高攀了呢？拿一个皇后比她一个妃子难道对不起她吗？另外，我们唐人一说起赵飞燕，那就是一个大美人正面、正能量的形象，跟红颜祸水不沾边的呀。所以，杨贵妃听我这样比喻高兴还来不及呢？怎么可能因此就生气了呢？而且，皇帝对诗词歌赋什么不懂？他一看我填的词，马上就让音乐家李龟年去谱曲，我写得要是有什么歪曲贵妃的意思，他能愿意吗？

另外，他们说我让杨国忠磨墨也不成立呀。到目前为止，他人还在四川呢，连个脚印还没踏入京城，哪来的磨墨之说呢？

所以，老元啊，你拿脚指头想想，这些脱靴呀磨墨呀根本就是无稽之谈嘛。

我再给你说说这第二件事情，就是所谓的醉草吓蛮书的事。说我在喝醉的情况下起草了一封吓唬少数民族的诏书。这也是无聊的文人杜撰的，但故事编得跟真的一样！

说我刚到翰林院上班的时候，正好东北有一个少数民族政权叫作渤海国，派一个使者来给咱们大唐下挑战书来了。可是这个挑战书不是用汉字写的，而是用少数民族文字写的，拿到朝廷来一看那些大臣全都不认得。这怎么办呢？人家下了战书你都不知道人家说什么，我泱泱大国的脸面何在呀？所以，唐明皇很着急。

这时候就有人给皇帝建议，李太白这人不是个无所不知、无所不晓的能人嘛，何不请他来看看呢？于是，皇帝就把我给叫来了，我一看：简单！马上就朗声把这个战书给读出来了。皇帝一看，龙颜大悦。

我说我不仅认识这些字，我还晓得处理这件外交事务朝廷根本不用派一兵一卒。只要我给他写一封回信，就好了！

皇帝一听更震撼了，说既然你有这么大本事你赶紧写吧。这时候，我可就摆起谱来了，我说我这个人写东西得进入状态才能写。怎么才能进入状态呢？我得喝点酒助兴！我喝高兴了，这个状态才能有，灵感也才能迸发。皇帝这个时候没办法就一切都依着我，赶紧让人抬酒上来。我喝到晕晕乎乎的时候就大笔一挥，一下子就写好了一封回信。当然还是用少数民族文字写的，然后对着渤海国来的使者一念，果然把这个使者吓得魂飞魄散、屁滚尿流的。赶紧跑回本国去跟他老大讲，这大唐太厉害、太强悍了，这个仗咱们根本没法打，别没事找事了！

这就是江湖上盛传的那个所谓的醉草吓蛮书的故事由来，故事听来倒挺荡气回肠的，但真实性一点都经不起推敲。

老元，你想呀，咱们开元盛唐的综合国力是多么强大，疆域是多么辽阔，军事能力更是无与伦比。虽然武周时期东北有一个叫渤海郡的地方武装跟大唐搞过两次擦枪走火的事情，但后来就被大唐稍微秀一秀肌肉就给吓趴下了。到了开元年间，大唐念那渤海郡为睦邻友好建设做出了巨大的贡献，就将渤海郡的行政级别提升为渤海国。可是那地方面积不过几千里、人口只有区区十几万而已。你说，他们凭什么给咱们大唐下战书？是不是吃饱了撑的？这就是故事的荒谬之处！

所以，这些文章都是借我之酒杯，浇他们自己的块垒。名义上是抬举

第九回　表白的方式

我，实际上将我害苦喽！

这第三件事情呀，还真让我头疼啊！我以前总以为皇帝很忙，到春暖花开了就会召见我，但这么久了，七八个月了都不太理我。而且，贺老送别这件事特别让我郁闷！皇上现在对我根本就没有开始时那种相见恨晚的感觉了。如果人生的很多事、很多境遇、很多人都还如初见的模样和感觉，那该多好呀！

老元一本正经地问李白："江湖上有一种说法，说你是有皇族身份的人呀。你是西凉开国君主的九世孙，唐太宗也是西凉开国君主的九世孙。按照族系的说法，你就应该是李世民的同辈族弟，当今圣上是李世民的重孙，那么在亲属辈分关系上，皇帝还应该称你为曾祖叔父呢。如果这种说法是真的话，你还愁什么愁？"

"老元呀，不瞒你说，我父亲好像也跟我提起过这个传言。但是传言毕竟是传言哪！"李白愁云密布地说道。

李白又叹了一口气："唉，我也不管这些了！弃我去者，昨日之日不可留；乱我心者，今日之日多烦忧。反正，我这工作干起来也没劲了，跟我学的专业不对口。与其在这里干耗着，倒不如像你老元那样回归山林自在快活。乍向草中耿介死，不求黄金笼下生嘛。"

"好好好，这回可是你自己亲口说的，到时候你可别后悔哟。"老元又喝了一大口。

"对了，老元。听说你要去华山，我给你写了一首诗，名字叫《西岳云台歌送丹丘子》，等有空的时候你看一下吧。"

元丹丘一边接过李白的诗一边笑着说道："新出笼的馒头——热气腾腾，现在不读，更待何时？等到有空的时候再读，黄花菜都凉喽！"

老元刚展开诗稿，一股黄河的奔腾冲泻之势和华山的峥嵘秀伟之气，就扑面而来：

　　西岳峥嵘何壮哉！黄河如丝天际来。黄河万里触山动，盘涡毂转秦地雷。荣光休气纷五彩，千年一清圣人在。巨灵咆哮擘两山，洪波喷箭射东海。三峰却立如欲摧，翠崖丹谷高掌开。白帝金精运元气，石作莲花云作台。云台阁道连窈冥，中有不死丹丘生。明星玉女备洒扫，麻姑搔背指爪轻。我皇手把天地户，丹丘谈天与天语。九重出入生光辉，东来蓬莱复西归。玉浆倘惠故人饮，骑二茅龙上天飞。

常言道，诗以言志，歌以咏怀。当老元读到李白的最后四句诗时，他似乎已经读到了李白苍凉冷郁和萌生退意的心意。老元知道，李白的身体既渴望甘美玉液琼浆的滋润，灵魂又期盼着在九重天宇间缥缈，他的内心肯定有万般的无奈。想到这，老元也是唏嘘不已，不禁随口吟出李白的《长相思》来：

络纬秋啼金井阑，微霜凄凄簟色寒。
孤灯不明思欲绝，卷帷望月空长叹。

长安街头的灯光渐渐地暗淡了，只有一个人正面对着如水的月光在静静地发呆和沉思。

离职申请

春种一粒粟，秋收万颗子。

开春时，贺老东归吴越饯别的事件，被冷落被遗弃的感觉如同一粒种子，从此就深深地种植到了李白的心里，等到那天跟老元见了面后，这粒种子便愈加疯狂地生根发芽起来。

他心里已经预感到事情的结果，但仍有万般的不甘。他多么希望皇帝能忽然驾临，哪怕告诉他一个似是而非的理由，他都可以相信都可以消融这么长时间的等待和守候。可是，等待依然没有尽头！

第九回　表白的方式

唉，与其等待无望，不如以退为进。

很多老板不都是当员工提出辞职时，才想起他的种种好来而再三挽留的吗？对，是时候向他表明我的态度了，表白的方式还是用传统的写信方式吧！李白这样想道。很快，他的辞职信就写好了。

赐金放还

李白原以为决定辞职之前是最纠结最焦虑的，因为要权衡和分析各种利弊，等到一旦一吐为快地提出了辞职就可以轻松了。可当他将辞职信递交上去后，才觉得令他纠结和忐忑的日子才真正开始。

他反复看了自己给皇帝的辞职信，觉得情真意切，字字珠玑。凭自己的能力和水平，皇帝是舍不得他离职的。毕竟茫茫人海，人才难找啊。

刘备在没有遇到诸葛孔明前，尽管公司也有"桃园三结义"的硬实力，但依然是惶惶如丧家之犬，穷得无立足之地盘，公司总是在面临破产的边缘徘徊。后来，他以诚感人地打了一张"三顾茅庐"的感情牌聘请到诸葛孔明做公司的总经理后，情况就截然不同了，短短的几年时间就将公司发展成为当时的三大集团公司之一。

名为汉相的曹操也非常重视网罗人才，一反过去以门阀取人的传统标准，主张不拘一格，唯才是举。还以朝廷的名义招纳贤士，一再下达求贤令，即使"负污辱之名、见笑之行，或不仁不孝，而有治国用兵之术"的人才他都加以录用。曹操最终获得了"识拔人才，不拘微贱，随能任使，皆获其用"的好名声。

唐明皇洞察秋毫，唯才是举，终于造就了开元盛世的大唐帝国。我这样一个好端端的人才就放在他的眼前，他怎么可能视而不见，弃而不用呢。并且他对我的才华是有见识的，是给过高度评价的。只不过是受了一些小人的蛊惑和干扰罢了，我这封辞职信一定会刺激到他，唤醒他重新对我的记忆和重视，他一定会再而三地挽留我。

那么，他真要挽留我时，我决不能一口就答应下来，否则不就显得我太不持重、太没有价值了吗？我得再找个理由假装推辞一下，以便老板对我再起重用之心。那么，我将持何种姿态何种理由呢？

如果我强调的理由太过于牵强，凭皇帝的聪慧和敏锐，他会以为我是无病呻吟、故弄玄虚，并一眼看穿我的伎俩，只不过是以此来要挟，换取一些筹码和好处罢了。这样，我在他面前几乎成了一个裸奔的透明人，我谈判的防线将失守，人格的高塔也将塌陷。那样的话，老板就不会高看我了。不欣赏，毋宁死，更不用谈继续在这里干下去了。

如果强调的理由过于刚性或不容置疑，不就显得没有商量的余地了吗？绳子都在紧处断，这不是我想要的结果呀！

必须想一个不能轻而易举但难度系数又不宜太大的，要显得既合情合理又恰到好处的理由。这样拉锯似的拉上三四个回合，等双方各自找到各自的台阶后，才能就坡下驴地达成某种妥协和共识。这样事情不就完美了吗？

李白为此又是度过了好几个无眠之夜，又是好几次的举杯邀月。

咦，今天的空气怎么如此沉闷呀，还是出去透透气吧。对了，隔了两条街的王侍御有好几天都没有见到了，不如到他家聊聊去！

然而，王侍御不在家，照壁上挂着一幅不知谁画的鹦鹉，那鹦鹉羽毛零落，是一副萎靡不振的颓样。李白心生怜悯，当即题诗一首

《初出金门寻王侍御不遇咏壁上鹦鹉》：

> 落羽辞金殿，孤鸣咤绣衣；
> 能言终见弃，还向陇西飞。

常言道，落魄的凤凰不如鸡哟，离开了美堂华屋，你就只好扇动好看的羽毛孤寂哀鸣了吧。枪既爱打出头的鸟，也爱打多事的鸟。谁叫你那

第九回　表白的方式

么喜欢多嘴多舌的呢？你那么爱说话，那么爱发牢骚，肯定是得罪了很多人，现在孤零零地被抛弃了吧。看来，你只有飞回老家陇西的故林里去喽。

写完诗，他心情郁结地就朝家里走去，右眼好像还在一个劲儿地跳动，看来这不是什么好兆头！

老远，他看到皇帝派来的使者脸色冷峻地站在了家门口，一种不祥的感觉开始闪现出来。

果然，从使者来家里的本意，他知道了皇帝竟然同意了他的辞职报告！而他内心自己排演了无数次的再三挽留和婉拒的场景，居然一次都没有出现！

"诗仙太白啊，皇上念你没有功劳也有苦劳，就特批了一笔安家费用。喏，在这布兜里，你自己小心保管好！"

李白好像没有在听使者说什么话，只是心里在大声地对着天空呐喊：其实不想走，其实我想留！

大漠公叹曰：

落花有意随流水，流水无意恋落花。
人生难料事无常，山水隔阻自难跨。

一个核心或重要岗位员工的离职，公司高层或主管一般都会与离职人员进行沟通，甚至会再三抚慰和挽留。但是，曾被皇帝十分看重的诗仙李白，他提出离职时为什么皇帝没有再三挽留，竟然同意了他的离职呢？欲知详情，且听下回分解！

第十回

留白的神韵留给历史

这世上有很多人其实是活在自己幻想的城市里，爱上一座城也仅仅是因为想见这城市的某一个人而已。等到与这某一个人无缘相识相续的时候，他便立即将这座城当作了一座空城，也便有了逃脱和离开的理由和冲动。

什么样的员工能在职场得到稳定的发展？什么样的员工将来能发展成为公司的核心并成为公司的股东呢？

第一，要有价值。有自身价值的人，才会有可用之处。一个自身有价值的员工，能发挥自己本身的才能和潜能，能为公司创造出最大的价值和效益。价值分短期和长期，相比之下，老板更喜欢有长远价值的员工，这样的员工不仅知道自己现在能做什么，会创造什么，更会根据自己的职业规划主动去发掘新的资源并对未来有长期的战略定位和愿景。

第二，要有潜能。潜能就是潜在的能力和能量，是一座尚未开发出来的金矿。员工不是机器，也不是成本，而是公司最宝贵的财富，更是使公司在竞争中脱颖而出的发动机。只有激发员工士气，引爆员工的潜能，让潜能的每一座核电站发挥作用，公司与员工才能共同成长，才能立于不败之地。

第三，要有执行力。执行力就是贯彻战略意图，完成预定目标的操作能力，也是把公司战略、规划转化成为效益、成果的关键能力。执行力包含完成任务的意愿、完成任务的能力和完成任务的程度。执行力的重要性，就相当于是一个发电机，为整个行动的贯彻和落实提供电力保障。执行力强的员工，知道如何规划、如何实施，在沟通、协调、达成等方面的能力也很出色，让这样的员工去组织和实施，才会有完美的结果。

第四，要有可塑性。可塑性泛指物或人可被塑造的可能性，而对于员工来说，就是指员工继续被培养改造的可能性及上升空间。一个有可塑性的员工，因更具有创造力而更有发展的潜力。平时的工作中他们也会有举一反三的灵动和创意，而不被原本固有的思维和程式化的套路所束缚。

第十回　留白的神韵留给历史

每一个员工只有把自己当成一个独立的公司来经营，摒弃打工心态，将主人翁精神融入职场的始终，将个人的价值发挥到极致并使得老板对你形成价值依赖。这样的员工，才能得到可持续式的发展，才能具有核心竞争力，才能有机会走上公司的核心管理层并有望成为公司的股东。

离职探秘

天宝三年（公元 744 年）的李白虽然只是一个翰林院诗文待诏，但是他依然具有出仕为官的机会。可实际上，李白在长安上班一年半之后就离职了，这其中到底是什么原因呢？

首先，李白自身政治理想的原因。

对李白来讲，作为一个诗人，一个文学家，其诗歌创作水平在第二次到长安后得到了空前的承认。但是他自己以为，此次来翰林院，不是让大家来承认诗文的成就，而是要获得官员身份的认同，要得到官员的重用，这对李白来说是最重要的。

以李白的雄心壮志与桀骜不驯的个性，无论如何也不会安于翰林待诏这个位置，安于侍从文人这样一个角色，这是他绝对不能接受的。他要成为名副其实的宰辅之臣，要真正发挥政治作用，从而对唐帝国产生影响。而这，却是他这个翰林待诏或翰林供奉的职位永远无法实现的，这是李白深层的矛盾与痛苦。李白在进入长安之前有矛盾与痛苦，那就是想获得政治机遇，但是不得其门而入，是所谓的怀才不遇；现在的李白又有了新的矛盾与痛苦，那就是貌似获得了空前的政治机遇，但是尘埃落定之后才发现，虽然已经与皇帝有了亲近的接触，但是他所获得的并不是重大的政治机遇，皇帝只是将他看作一个舞文弄墨的诗文供奉而已。

如果他就是个一般的文人，没有那么高的政治理想，即便在长安做不成官员，但是至少也可以在翰林院中做个诗文供奉，也足可以光宗耀祖或

李白长安离职的秘密

能过上安逸富足的生活了!

但李白偏偏不是一个向现实轻易妥协的人,他非但不向现实妥协,也不向自己妥协。因为,他毕生的最高追求就是要在政治上获得极大的成功,获得高度的认同,如果这个目的达不到,即便能在翰林院工作,这依然是失败的人生。也许,对一个纯粹的文人来讲,能够拥有被皇帝亲自接见的机会和殊荣,能够做侍奉于皇帝左右的御用文人,这已经算是达到人生辉煌的最高境界了,但这种文人的追求标准对李白而言就显得太低了。

在李白的内心世界里,整个大唐就是为他施展宏图大志预备的,就像孟子所说的:"夫欲平治天下,舍我其谁?"这种纵横天下当仁不让的王霸气度,是盛唐时代锻造出来的性格,是时代精神的象征与代表,并非一般庸常文人所能望其项背的。这恰恰是李白的魅力所在。实事求是地讲,李白的确只有诗人之大才,没有政治家之大才,但是这根本不是问题的关键,关键在于李白就是不肯服输,就是不肯相信天下没有他施展抱负的空间,就是不肯放弃他的自信与原则,所以即便玄宗对他倍加礼遇,他也绝不领情,也绝不愿意苟安现状,做个舒舒服服的御用侍从文人。他要表达他的失望,表达他的不满,要大大表现他的狂放不羁的个性风采,哪怕为此付出巨大的代价也在所不惜,这不是政治家的涵养与性格,但这是大文学家、大诗人李白的独特个性。如果李白屈服于自己,妥协于现实,那他就不是那个独步诗坛的李白,也就不是我们心目当中那个狂傲飘逸、洒脱不羁的"诗仙"了。

在政治上的失望情绪与日俱增的同时,另一种情绪就不可遏制地涌现出来。不要忘记,伴随进入长安的,除了那个意气蓬勃、抱负远大、具有政治幻想的李白之外,还有一个目空一切、孤傲自赏、具有极高文学天才的李白,当政治幻想破灭之后,文学的意气就伴随着酒气不可遏制地宣泄出来。于是,一个恶性循环开始形成:当李白郁郁不得志,就去借酒浇愁,酒力尤且不足以浇愁,就会付诸诗文大发牢骚。这些牢骚诗文无论被

第十回　留白的神韵留给历史

唐玄宗还是那些真正的奸佞小人看到，久而久之都会形成有损李白形象的舆论环境，这些舆论环境又会进一步恶化李白在长安的生存与发展。

在长安，李白留下了不少饮酒、醉酒的记录。他醉酒于翰林院上班之时："时公已被酒于翰苑中，仍命高将军扶以登舟，优宠如是"；他醉酒于权贵望族之门："白时为贵门邀约，比至半醉，令制《出师诏》，不草而成，许中书舍人"；他醉酒于街坊酒肆之地："日与饮徒醉于酒肆。玄宗度曲，欲造乐府新词，亟召白，白已卧于酒肆矣。"

这些饮酒、醉酒大数据的叠加渲染，久而久之，会在他周围的阶层对他个人形象形成标签式的印记。这种形象尤其在职场确实是大忌，无法给人留下靠谱、可大胆授权和堪以大任的印象。如果要一个人对另一个人做出价值判断，那人的潜意识自然而然就会上升到对一个人多维度的综合评价，而不是片面的某一点。因为人都是感性交朋友，理性做评价。

无论是职场，或是其他什么地方的场，都会有它自己长时间累积而形成的势能、惯例和规则等。人所处的环境本身就存在或具有自己固有的气场能量，有时候人只能先懂得如何去适应去融入，而不是试图总想着一上来就想打破或改变什么。这个过程就是文化和价值观的认同和重塑的过程。入职前或许要看你的五官，入职后一定看你的三观，说的大概就是这个道理。

其次，李白个性方面的原因。

李白的言行做派，难免在朝廷上下引起一些流言蜚语。他自己也承认翰林院中人际关系复杂，感慨自己的人际关系和经营环境不好。他在《玉壶吟》中抱怨："揄扬九重万乘主，谑浪赤墀青琐贤……西施宜笑复宜颦，丑女效之徒累身。君王虽爱蛾眉好，无奈宫中妒杀人。"在《翰林读书言怀呈集贤诸学士》中又说："青蝇易相点，白雪难同调。本是疏散人，屡贻褊促诮。"他以为自己只是在行为和言语方面不太严谨而已，错误的都是那些奸佞小人，是他们妒贤嫉能，搬弄是非，才导致唐明皇后来对自己的不满和冷落。

在李白看来，皇帝对我其实是很爱惜很器重的，只是嫌我喝了酒后嘴巴不严而已。范传正也在《唐左拾遗翰林学士李公新墓碑并序》中说道："甚爱其才，或虑乘醉出入省中，不能不言温室树，恐掇后患，惜而逐之。"

温室树的故事是指汉时的大臣孔光，他官做得很大。有一次，他休假的时候回到家里跟老婆孩子亲戚聊天，聊天的时候他的夫人就好奇地问他，那个长乐宫的温室殿里面种了多少棵树呀？种的都是什么品种啊？虽然只是闲聊天，这孔光就是不说温室树的事情。

后来就用温室树代表朝廷的机密要闻。翰林院是近侍皇帝的重要办公机构，而且又位居禁宫之内，如果以李白这样一副醉态，难免不会在醉后泄露宫禁中的秘密。所以，李白最终被皇帝疏远也成了在所难免。

问题的严重性在于，明明知道自己已经遭到了他人的诋毁诽谤，李白却依然故我地我行我素，不改文人狂傲自许的本色："丑正同列，害能成谤，格言不入，帝用疏之。公乃浪迹纵酒，以自昏秽。咏歌之际，屡称东山。"（李阳冰《唐李翰林草堂集序》）"白自知不为亲近所容，益骛放不自修。与知章……为酒中八仙人。"（《新唐书·文艺列传》）不自醒、不自检、不自修、不自补，自己信马由缰地跑偏了方向。等到发现自己走入了歧途，想再次回到正路时为时已晚，只有悔不当初了。

所以，李白虽然有跟皇帝接近的机会，但他没有及时地抓住这个机遇。或者说，以李白的个性、实际的政治才能以及他在皇帝心目中的位置、在宫廷中的实际地位，都不可能实现他的政治理想，也不具备实现这个巨大理想的可能性。

皇帝其实对李白相当不错，他一看李白在长安宫中的确很难立足，于是赐给李白不少金银盘费，送他回家。史书记载四个字："赐金放还。"这

第十回　留白的神韵留给历史

是一个非常体面的离职方式，皇帝没有贬斥他，没有谴责他，没有把他赶出长安，而是保全了李白作为一个文人的体面与尊严。这一举动使李白入京、在京、离京的整个过程呈现出浓厚的人情味儿、文学色彩、浪漫色彩，使这整个过程更加符合李白的气质，这是一个典型的李白式的离开，而不是一个不称职官员的离任，这与同期前后张九龄等政治家的被贬形成了鲜明的对照。

康震教授对李白的长安离去也在《康震讲诗仙李白》的书里作了这样精彩的剖析："我们甚至可以说，皇帝从不曾按照一个官员的标准来要求和看待李白，从对李白的欣赏、选拔、任用到离开，与其说是政治标准，倒不如说是文人、文学的标准。李白最终安静而体面地离开了长安，这种离开方式反而使他获得了更为巨大的文学声誉。但是李白的政治名声并未因此而获得加强，伴随着他离开长安，世人对他的认识更清楚了，李白的本质就是一个旷世的大文人、大诗人。"

文如其人，一个人的文风，直接反映其人品。李白的性格，自然是剑仙豪客一流的存在，缥缈浪漫，逍遥自在。天生的文人风骨，飘然出尘，近乎于仙。当时是盛唐时代，国力强劲，四方来贺。那时候的有志之士，尤其是士族，都有着建功立业的强烈愿望。李白自小以剑侠自称，更是心怀理想，想要持剑平天下，辅君安社稷，创造出自己的不世之功。但是，理想终归是理想。李白是有才华，但并不适合官场。他常以不世之才自居，恃才傲物，似乎天地间，自己就是中心。这是从古至今，文人的通病。文坛和政坛是不同的，政坛上面，有着独立的官场生态。封建社会的官场生态，更是有着自己独特的规则。

试想，在朝堂之上，李白仅仅凭着满腔的理想，怎么可能在官场混得下去。李白太过于锋芒毕露，太过于浪漫主义，太过于桀骜不驯，这注定了他的失败。可以说，李白的情商并不高，或者说，他不屑与凡夫俗子为伍。但是，他又想着建功立业，持剑破军，直破楼兰！过于理想主义，只凭借一腔热血，也是徒劳无用。

所以，李白虽然说有理想、有抱负，但是实际上他并没有真正政治家的素质，也并没有真正政治家的历练，更没有卓越政治家的睿智和洞察，他不可能在政治责任方面真的有什么担当和担负，更不可能在政治成就方面有大的作为和造诣。

但是，"学而优则仕"的游戏规则，使古代文人的职业生涯规划就只能朝出仕的这座独木桥去拥挤去转型。不得不说，这是李白当时所处那个时代的悲剧。

老板为何不挽留

以李白的内心而言，他是真的不愿离职的。但当时周遭的现实环境和氛围又不得不使他选择离开。

面对李白，我们从以下几个方面推心置腹地分析一下老板为何没有挽留的原因。

第一，关于职场的个人价值问题。

老板对你的关注和尊重乃至在你离职时对你的挽留，不是凭你长得有多英俊帅气或有多高大威猛，也不是你诗写得有多好，而是你在他的眼里含有多少价值。并且你个人的这个价值，最后还要兑换和变现成为老板做具体事的价值，当然你别浅显地以为这是满足老板个人的价值而不屑。

其实，你个人具备的价值越大，你在老板眼里就越有价值，你的形象就越高大越伟岸。当你的这种价值足够大到在老板那里别人已无法替代并且对你的价值形成了依赖的时候，你就有了排他性的核心竞争力。如果这时候你要提出离职的话，老板是不是会再三挽留你呢？

什么叫依赖？依赖就是关系紧密分不开。你想过没有，在开元的前二十几年里，老板用的那些所谓贤明的宰相也不过是三年到四年就要换一

第十回　留白的神韵留给历史

届,那为何李林甫当宰相到目前为止已经快十年了还稳如泰山,屹立不倒?人之老矣其言也真,咱先不论老林的忠奸是非,就老林个人的能力和价值而言肯定有他人难以望其项背之处,在很多方面他也绝对做到了让老板依赖的程度。无论是边关的开疆拓土,还是安内的纷繁国事,老林都以细心周到的方法安排到位了,这才让老板安下心来去享受他晚年所谓的文艺范儿的美好生活,尽管这种美好的生活暗含了不可预测的危机。

你总是说自己是个小小的待诏,不被人待见。其实你这种说法太偏激和狭隘了,凡事都是从小开始的嘛!"不以善小而不为",一个人如果从小的价值开始积累和成长,慢慢就会成为一棵枝繁叶茂的价值大树。更何况,你翰林院文学侍从的供奉地位并不低,仅次于翰林学士。而且经常还可以和皇帝见面和接触,这是多好的机会呀!

你明明抓了一副好牌,却是自己没有打好,没有将"我即公司"经营好。你也没有在待诏的平台上将你个人的价值发挥到老板所期望的价值最大化,更没有实现老板对你的价值依赖,而最终真的沦落成了一个可有可无的待诏,怨不得老板最后不挽留你。

第二,关于工作的能力问题。

一般以为,所谓的工作能力就是具备或满足了完成工作任务量和配额的能力。比如,老板让你去兴庆宫写三首或五首《清平调》的诗,你说这简单,你文不加点、立马可待地完成了任务,于是你便以为自己具备了写诗的工作能力并且还沾沾自喜还恃才傲物起来,那你就大错特错了!

其实,工作能力是你综合能力的聚焦和重合的那小部分。如果将一个人的能力分成专业能力、通用能力、人格能力三部分,并且将这三种能力各画一个圆,那么三个圆各自代表的能力重合的那部分才是你的真正工作能力。以前将专业能力误解成工作能力是片面的,是不充分的。这就可以解释和推导为什么很多有才华的人却没有做出伟大事业的原因。

有才华只是代表专业能力部分表现得比较突出,并不代表一个人的沟通能力、协调能力、领导能力、合作能力和引领大家以积极的心态参与到圆满完成整个事情的影响能力，以及获得较好评价的道德能力。

你固然在待诏的岗位上，也看似完成了老板交代的写诗任务，你的专业能力也得到了淋漓尽致的发挥，老板也似乎对你点赞了。但是，从整个事情的圆满程度而言，老板作为用户的满意度和情感体验其实是要大打折扣的。

你想想看，每次待诏叫你写诗，都是派人在长安城翻个底朝天，好一通地将你寻找，那带头找你的高力士和李龟年以及他们手下的那些人对你的情感体验就不是很愉悦。他们不是在某个固定的地方铆足了劲在迎接人，而是憋着一股怨气在到处搜寻人。等好不容易地找到人后，你又是一副醉醺醺的、不省人事的模样。然后，他们手忙脚乱地又是用冷水泼面，又是现场好一番收拾，所有的用户对你仅存的才华卓著的尊崇和好感在几次折腾后就消耗殆尽了。尽管你也写出了精美绝伦的诗调，但这又能怎样？有这些诗当然很好，可以锦上添花。但是，没有这些诗也未必不可嘛！

凡是美好的东西，都要看获得程度的难易和投入成本的大小以及情感体验的好坏。所以，对工作能力界定的偏差，才导致了你恃才傲物式的误判，才导致了你不得不离职，也最终导致了老板对你的不再挽留。

第三，关于工作心态的问题。

大家都知道这样一句老话的推论，就是心态决定性格，性格决定行为，行为决定习惯，习惯决定成败，成败决定命运，命运决定一切，最后的结论是心态决定一切。所以，心态处在人生的顶端，是决定一切的因素。这些道理几乎人人都懂，但懂得了这些道理为什么还没有过好这一生呢？在现实的生活里尤其在工作中能摆正自己心态的并落实到行动中的，到底有几人欤？

很多人认为，工作只不过是安身立命的一种手段，是万般的不得已而

第十回　留白的神韵留给历史

为之，甚至是自认为的摧眉折腰事权贵。如果是抱着这种心态和想法去工作，那是一种打工心态，这肯定是视工作为一种痛苦和压力，肯定将工作当成了苟且和敷衍。

而员工觉得自己只是作为团队的一分子加入工作组合中来的，只要完成本职工作和任务并得到相应的报酬就差不多可以了，至于事情结果的好与坏不会跟自己产生生死攸关的影响，于是打工心态就自然而然地形成了。

这正如你当待诏时那样，老板让你写诗你就写诗，老板让你填词你就填词。老板安排工作以外的事情你尽可以一概不予考虑，该浪的就浪，该喝的就喝，上班迟到早退也司空见惯。你每天考虑的只是勉强完成岗位的保健因素，而不是站在老板或团队的高度，去做一些具有激励因素的工作。因此，这种心态下，你就对工作渐渐失去了热情和兴趣，将更多的时间沦陷于人性弱点的满足和刺激，沦陷于应酬和酗酒以及喝酒过量后的放浪形骸，沦陷于牢骚满腹地写诗发泄。这样搞得人际关系就恶性循环地紧张起来，也导致了你放眼望去周围尽是些说你坏话的小人。一个坏的氛围和气场就这样被你亲手打造成功了，是你亲手酿制了一杯你离职而去老板却又不想再挽留你的苦酒。

那有没有一种办法能将人从打工的有限游戏中解放和拯救出来呢？答案是：当然有的。就是将自己当成一个人的公司去经营好自己的一生。因为这一生就是你自己的无限游戏，你带着玩好这个无限游戏的理念进入你的生活、进入你的职场，你就会与工作和生活形成共生共荣的关系。这样，工作就成了你经营人生和事业的全部，你的人生之花就会在职场的平台上得到绽放并结成累累硕果。

人都是为目标而活，目标就是你飞翔的方向。按照我即公司的理念，这样你的人生才有了目标感和价值感，这样才会对自己的思想和行为进行自动聚焦，才会克制和规范自己的言行并养成自律的习惯。所以，自律才是最大的自由!

第四,关于个人理想的定位问题。

你是为实现自己的政治抱负来京都长安的,并不是冲着那个翰林供奉的工作岗位而来的。关于这一点,我觉得还是讲究个循序渐进吧,先解决生存的问题然后再谈发展和自我实现。而且,世上所有的实现,也不能总是一步到位的,事物的发展一般都得遵循螺旋上升的规律。

有时候,我们总是要得太多,跑得太快,飞得太高,结果反而拔苗助长,适得其反。

就你的工作岗位来讲,老板安排你做翰林供奉的工作还是无比正确的。一是通过这个岗位考验你的业务能力,二是观察你为人处世的综合能力。如果一上来就将你安排到如你所期望的宰辅位置,那么,结果恐怕就不仅仅怎"草率"两个字了得!

写诗和做官是两个不同的层级和维度,写诗一个人就可以单独完成,做官靠的是立体的系统工程。诗人从文学概念上讲,就是在诗歌创作上有一定成就的人,是通过诗歌创作来吟咏抒发激情,来讴歌和传颂真善美。官员要能为国家和民众谋得福祉并且对管理事务非常熟练、能对社会历史发展起到重大影响作用。毕竟写诗和做官是两码事,写诗,你可以狂放不羁,可以半醉半醒,可以"举杯邀明月"。可是做官就没有这么简单,没有政治头脑和远见卓识,不能审时度势,不能与时俱进,肯定是不能登上政治舞台的。个人的成败荣辱事小,整个国家和民族发展的事大,搞得不好就会造成失之毫厘、谬以千里的错误。写诗,你只要酿足了豪情满怀或忧愤嫉俗的情绪就可以了。

传统的儒家思想观念里,不仅要学而优则仕,而且这个仕还必须能实现治国、平天下的终极目标。否则,就认为这个仕就是失败了,就无地自容了。也从不具体问题具体分析,看自己是否具备和满足治国、平天下的能力和条件。不是树上所有的鸟都能够翱翔天空的!

第十回 留白的神韵留给历史

方向如果错了,那停下来就是一种进步。

可惜的是,后来,安史之乱爆发,李白还想去做官。结果又搞得倾家荡产,还差点搭上自己的身家性命。

仕途不幸诗家幸

李白虽然在政治上失意,但失之东隅,收之桑榆。他在诗词的创作方面的成就达到了古代积极浪漫主义的文学高峰,为唐诗的繁荣与发展打开了新局面。同时,他在歌行体和七绝体裁诗方面形成了自己独特的风格,开创了中国古典诗歌的黄金时代。

他是一个富于传奇性的诗人,虽然一生充满坎坷,却成为屹立于中国诗坛之巅的巨人。他没有屈原那样的清苦和执着,也没有谢客那样的豪侈和猬急,却更多了几分的清高和狂放。

每个人都会在现实面前碰壁,但是李白之所以是李白,在于他那昂扬的精神常常让他飞跃现实中的蝇营狗苟,直达天际,就像"俱怀逸兴壮思飞,欲上青天揽明月"这句的高蹈而脱略尘俗。这就成了李白"仕途不幸诗家幸"的理由。

一、李白诗歌的内涵

他写实的文学思想源于史学的"实录"精神,表现为对真实性的追求,对写实的作风和技巧的追求,其在作品中的体现又因文体不同而有异,散文举例证实,诗歌似虚而实。

1. 赞美理想,抒发志向

李白生活在盛唐时期,他性格豪迈,热爱祖国山河,游踪遍及南北各地,写出许多赞美名山大川的壮丽诗篇。他以不世之才自居,一生始终不渝地追求实现济苍生、安社稷的理想。他以大鹏、天马、雄剑自比:"大

李白长安离职的秘密

鹏一日同风起,扶摇直上九万里。假令风歇时下来,犹能簸却沧溟水。"

2. 傲岸不屈,自由奔放

他觉得凭借自己的才能,可以"出则以平交王侯,遁则以俯视巢许"(《送烟子元演隐仙城山序》),对于那些靠着门第荫封而享高官厚禄的权豪势要,他投以强烈的鄙视,表现出傲岸不屈的性格。他渴望个性的自由和解放,于是采取狂放不羁的生活态度来挣脱桎梏、争取自由。其表现方式或纵酒狂歌,寻仙学道,然而,酒既无法消愁,神仙更虚无缥缈,于是他"一生好入名山游"(《庐山谣》),把美好的大自然作为理想的寄托和自由的化身来歌颂。他笔下的峨眉、华山、庐山、泰山、黄山等,巍峨雄奇,吐纳风云,汇泻川流;他笔下的奔腾黄河、滔滔长江,荡涤万物,席卷一切。表现了诗人桀骜不驯的性格和冲决羁绊的强烈愿望。

3. 人生如梦,情绪跌宕

他既有清高傲岸的一面,又有庸俗卑恭的一面,他的理想和自由,只能到山林、仙境、醉乡中去寻求,所以在《将进酒》《江上吟》《襄阳歌》等诗中流露出人生如梦、及时行乐、齐一万物、逃避现实等消极颓废思想,这在封建社会正直孤傲的文人中也具有一定的代表性。

4. 豪放意象,非凡想象

豪放是李白诗歌的主要特征。除了思想性格才情遭际诸因素外,李白诗歌采用的艺术表现手法和体裁结构也是形成他豪放飘逸风格的重要原因。善于凭借想象,是李白诗歌浪漫主义艺术手法的重要特征。他的想象,极其丰富,几乎篇篇有想象,甚至有的通篇运用多种多样的想象。现实事物、自然景观、神话传说、历史典故、梦中幻境,无不成为他想象的媒介。他常常借助想象,超越时空,将现实与梦境、仙境,把自然界与人类社会交织在一起。他的想象不仅奇特,而且总是与具体事物相结合,夸张得那么自然,不露痕迹;那么大胆,又真实可信,起到突出形象、强化感情的作用。有时他还把大胆的夸张与鲜明的对比结合起来,通过加大艺

第十回　留白的神韵留给历史

术反差,加强艺术效果。

二、李白诗歌的风格

李白的诗歌不仅具有典型的浪漫主义精神,而且从形象塑造、素材摄取,到体裁选择和各种艺术手法的运用,无不具有典型的浪漫主义艺术特征。

他成功地在诗歌中塑造自我,强烈地表现自我,突出抒情主人公的独特个性,因而他的诗歌具有鲜明的浪漫主义特色。他喜欢采用雄奇的形象表现自我,在诗中毫不掩饰、也不加节制地抒发感情,表现他的喜怒哀乐。对权豪势要,他"手持一枝菊,调笑二千石"(《醉后寄崔侍御》二首之一);看到老百姓在艰辛劳作时,他"心摧泪如雨"。当社稷倾覆、民生涂炭时,他"过江誓流水,志在清中原。拔剑击前柱,悲歌难重论"(《南奔书怀》),那样慷慨激昂;与朋友开怀畅饮时,"两人对酌山花开,一杯一杯复一杯。我醉欲眠卿且去,明朝有意抱琴来"(《山中与幽人对酌》),又是那样天真直率。总之,他的诗活脱脱地表现了他豪放不羁的性格和倜傥不群的形象。

他的诗具有"笔落惊风雨,诗成泣鬼神"的艺术魅力,这也是他的诗歌最鲜明的艺术特色。作为一个浪漫主义诗人,李白调动了一切浪漫主义手法,使诗歌的内容和形式达到了完美的统一。这种无比神奇的艺术魅力,确是他的诗歌最鲜明的特色。他的诗歌,不仅具有最强烈的浪漫主义精神,而且还创造性地运用了一切浪漫主义的手法。

《蜀道难》形象雄伟,感情炽烈,想象丰富,语言夸张。诗人以变化莫测的笔法,通过从古到今,从总体到局部,从山路到行人,以及环境气氛的悲凉、政治局势的险恶等多方面的描写,淋漓尽致地刻画了蜀道的艰险,展现出一幅色彩绚丽的山水画卷。全诗色泽光怪陆离,结构回旋往复,节奏鲜明而富于变化,充分显示出积极浪漫主义的特色。故而李白的同代人殷璠《河岳英灵集》称之为"奇之又奇！自骚人以还，鲜有此体调也"。

三、李白诗歌的历史地位

李白诗歌的语言，有的清新如同口语，有的豪放，不拘声律，近于散文，但都统一在"清水出芙蓉，天然去雕饰"的自然美之中。这和他自觉地追求自然美有关。他继承陈子昂的文学主张，以恢复诗骚传统为己任，曾说："梁陈以来，艳薄斯极，沈休文又尚以声律，将复古道，非我而谁欤？"（孟棨《本事诗·高逸》）他崇尚"清真"，讽刺"雕虫丧天真"的丑女效颦，邯郸学步。

他的诗歌语言的自然美又是他认真学习民歌明白通俗的特点的结果，明白如话，通俗生动。他写有大量的乐府诗，几乎占全部诗歌的四分之一，是唐代写乐府诗最多的诗人。

李白最擅长的体裁是七言歌行和绝句，其渊源本起自乐府；而用为唐代乐府的绝句也正是李白所运用自如的。这一切都说明李白的诗具有接近于歌谣的特点，实际上也就是使诗歌语言更多地从新鲜活泼的生活语言中得到充实和丰富，并加以提炼、升华。乐府诗自初唐以来没有多大发展，李白则熔古朴森茂的汉魏乐府和清新明丽的六朝乐府为一炉，以其俊逸的才气创造了新鲜的诗歌语言。

七言歌行篇幅长、容量大，形式自由，宜于表达诗人矛盾复杂的思想，抒发奔放恣肆的才情。而李白的七言歌行又采用了大开大合、跳跃跌宕的结构。诗的开头常突兀如狂飙骤起，而诗的中间形象转换倏忽，往往省略过渡照应，似无迹可寻，诗的结尾多在感情高潮处戛然而止。

李白的七言绝句，更多地代表了他的诗歌清新明丽的风格。如《早发白帝城》《送孟浩然之广陵》等，妙在"只眼前景、口头语、而有弦外音、味外味，使人神远"（《说诗晬语》）。

第十回　留白的神韵留给历史

他在创作上,继承了前代诗歌的丰富遗产。他所继承的传统,首先是楚辞和汉魏六朝乐府民歌。他受屈原的影响是多方面的,他发扬了屈原的爱国主义精神和坚强不屈的斗争精神,也继承了屈原的浪漫主义的创作方法,像熔铸神话传说,大胆地幻想夸张,重视民歌遗产等方面,他都和屈原完全一致。就具体作品来说,如《远别离》《梁甫吟》《梦游天姥吟留别》,乃至《蜀道难》都在精神面貌以及题材、构思、句法的形式上和屈原作品有接近的地方。

四、李白诗歌的影响力

首先是其诗歌作品中反映出来的人格力量和个性魅力。他那"天生我材必有用"的非凡自信,那"安能摧眉折腰事权贵"的独立人格,那"戏万乘若僚友,视同列如草芥"的凛然风骨,那与自然冥一的潇洒风神,曾经吸引过无数士人。在中国古代封建社会那种个体人格意识受到压抑的文化传统中,李白狂放不受约束的纯真个性风采无疑有着巨大的魅力。他的诗歌豪放飘逸的风格、变化莫测的想象、清水出芙蓉的唯美,对后来的诗人也有很大的吸引力;并且以其理想主义和反抗精神的完美结合,思想内容和艺术形式的完美结合,耸立起一座新的高峰,产生极其深远的影响。

其次是在中国诗歌史上,李白是一位旷世奇才,有不可更替的不朽地位。李白的魅力,就是盛唐的魅力;李白的风采,就是盛唐的风采。李白在文学史上具有崇高的地位。他继往开来,在屈原之后创造了古代积极浪漫主义的高峰,形成了我国文学史上源远流长的浪漫主义传统;他大胆进行诗歌革新,以自己的理论特别是创作实践,扫清了六朝的绮靡诗风,为唐诗的繁荣和发展打开了新的局面;他善于学习民歌,同时批判地继承前代优秀诗人的艺术传统,形成独特的风格。从而开创了以他和杜甫为代表的中国古典诗歌的黄金时代。李白是我国文学史上继屈原之后又一伟大的浪漫主义诗人,素有"诗仙"之称。诗歌豪放飘逸的风格情感和思想上积极进取的精神，在诗体上有着卓越的贡献，这不仅是祖国文化宝库中的光辉遗产，而且是世界文学的瑰宝。

杜甫称赞他的诗说："笔落惊风雨，诗成泣鬼神。"他自己也自信满满地说他的诗是："兴酣落笔摇五岳，诗成啸傲凌沧州。"李白传诵千年的诗歌，永远都是那样的雄浑而灵秀，具有摇撼五岳、激荡江河般的力量，春风拂人、山花烂漫般的美感，以及紫霞丽日、清水芙蓉般的纯粹。

因此，李白从政治神坛走下来，向横贯古今的诗坛奋力攀登，直达巅峰。

这是历史之幸，这是诗家之幸！

长安回望

这世上有很多人都是活在自己幻想的城市里，爱上一座城也仅仅是因为想见这城市的某一个人而已。等到与这某一个人无缘相识相续的时候，他便立即将这座城当作了一座空城，便有了逃脱和离开的冲动。尽管这座城市是多么繁华多么迤逦，尽管这座城市曾多么地让他魂牵梦萦、让他血脉偾张。

在离开那座城市的多年以后，也许这座城市已经没有了当年的风华绝伦，但这座城市依然在记忆里会长成他胸口的一颗朱砂痣。

长安城，以九天阊阖开的气势，让万国来朝、四方拜冕。长安城，也以它高贵而不脱俗，典雅而又素朴，喧嚣而又静谧的姿态，展现在世人面前。纵使时代变迁，朝堂更迭，长安依旧是长安，包容着大唐时期号称世界上最大的都城。

李白心中的长安城是巍峨的更是唯美的："渭水收暮雨，处处多新泽。宫苑傍山明，云林带天碧。""唯有牡丹真国色，花开时节动京城。"因为

第十回　留白的神韵留给历史

长安城不似金陵的江南佳丽地,那六朝金粉气浓烈得让人沉闷难以化解;也不似洛阳的冰心玉壶已装不下乡愁,让人愁肠百结;更不似江南的烟柳画桥被打湿在绵绵阴雨里,心绪也整天被泡在水中湿漉漉的。唯有长安城的暮雨清润、绿叶新泽,空气里流动着的是清新自然的味道和争奇斗艳的牡丹散发出淡雅的芬芳,让人感觉舒爽惬意,浑身也多了几分神光灵气。

长安城是伟岸的是包容的,却竟然容不下李白那一身的傲气与才情。长安城是喧闹的也是温情的,但这时却让李白感到了那一股透彻心扉的冰冷寒气。

于是,他决定尽快逃离这座城市。那一天,长安的朋友们都来为他饯行,仕途无望的他深感仕路的艰难,情郁于中乃放声大哭,并满怀愤慨地写下这首七言古诗《行路难·其一》:

> 金樽清酒斗十千,玉盘珍羞直万钱。
> 停杯投箸不能食,拔剑四顾心茫然。
> 欲渡黄河冰塞川,将登太行雪满山。
> 闲来垂钓碧溪上,忽复乘舟梦日边。
> 行路难!行路难!多歧路,今安在?
> 长风破浪会有时,直挂云帆济沧海。

这金杯里虽然倒满了价值千金的美酒,玉盘里盛满了价值万钱的菜肴,但我心里堵得慌,实在是食不下咽啊。我抽出宝剑环顾四周,想斩断这离愁别绪但还是茫然无措。我此刻的心呀想飞渡黄河,冰雪却堵塞了山川阻挡了我前行的路;我想攀登到太行山上,茫茫的白雪又将山路封住。我怎么就没有当年吕尚垂钓溪边等到了东山再起、伊尹做梦时乘船经过日边最终得到了君王重用的机运呢?这世上的道路真的难行啊!真的难行啊!眼前的岔路这么多我该如何选择呢?但不管怎样,我的心里还将永存信念和勇气。相信总会有一天，我能乘着长风破万里浪，高高地挂起云帆在沧海中勇往直前。

李白的内心世界决不接受这灰暗、低沉令人无比压抑的曲调，他宁愿自己像海燕渴望来一场境界顿开、波澜壮阔的暴风雨！回顾自己离开家乡20年的人生历程，他扪心自问，不禁百感交集，泪湿青衫：

我是一个父母在还远游，出蜀未归的不肖子；我是一个酒里乾坤大、壶中日月长，只会挥洒笔墨的弱书生；我是一个"安能摧眉折腰事权贵，使我不得开心颜"的小文人；我是一个"五岳寻仙不辞远，一生好入名山游"的漫游者；我是一个一生都在出世入仕中，摇摆不定的落魄士；我是一个"宣父犹能畏后生，丈夫岂可轻年少"的战斗侠；我是一个"天子呼来不上船，自称臣是酒中仙"的谪仙人；我是一个"菊花何太苦，遭此两重阳"的世间禅；我是一个"我寄愁心与明月，随君直到夜郎西"的惆怅客。我是如此分裂而又重合的性格，像我手中的剑有时出神入化有时飘忽不定，像我杯中的酒有时浓烈有时苦口，像我的诗有时雄浑奔放，有时水波不兴，有时萎靡沉郁。

既然人生如逆旅、世事多难料，既然除了生死其他都是小事，既然天涯何处不故乡，那我就喝了这杯酒离开这让我向往让我留恋又让我伤心的长安吧。那我就用曾给朋友送别的《灞陵行送别》，权当给自己离开长安的一次送别吧：

送君灞陵亭，灞水流浩浩。上有无花之古树，下有伤心之春草。我向秦人问路歧，云是王粲南登之古道。古道连绵走西京，紫阙落日浮云生。正当今夕断肠处，骊歌愁绝不忍听。

再见了这浩浩灞水，暮霭紫阙，西京古道；

再见了这十里长亭，无花古树，伤心春草；

再见了我的长安城，再见了我的长安的人！

李白就这样离开了长安，一路朝着太阳升起的方向而去。走着走着，

第十回　留白的神韵留给历史

前面不远的地方就是华阴县城，这座雄桀西州的神山是他一直以来所向往的地方，这次路过，可不能再错过登临的机会，顺便还可以会会元丹丘。

当然，困了累了就不能忘了喝美酒。美酒在手，走遍神州！

他又是喝得酩酊大醉，当他骑驴经过县衙大门口时，被县令以酒驾的名义抓了起来审问。县太爷威严地坐在堂上，喝问："堂下何人，路过本衙门竟然不下驴，见了本大人也不跪拜！"然后命人给他纸和笔，让他写口供。

李白一见纸和笔就条件反射地清醒了，也不用别人给他凉水泼面了。只见他龙飞凤舞地写道："曾令龙巾拭吐，御手调羹，翰林侍殿，奉旨填词。天子门前尚容走马，华阴县里不得骑驴？"县太爷读罢，惊出一身冷汗。原来他就是大名鼎鼎的谪仙诗人李太白啊！听说当今圣上曾赐予他"遇库支银，遇店饮酒"的特权，这样的大人物我可不敢得罪呀。于是，他赶紧下堂赔着笑脸道："不知谪仙驾临，有失远迎。等我下班之后，咱俩再美美地喝上一回，你看咋样？"

李白长笑三声道："喝酒就免了，只求你帮个忙，就是请你给我站远点，不要挡着我前面的路。"说完，他就挥一挥衣袖，骑驴向东方而去。留给长安的、留给华阴的、留给记忆的，只有他远去的背影。

黑格尔说：历史是一堆灰烬，但灰烬深处有余温。

如果说李白是盛唐时代的歌手，那么长安则是他歌唱的中心，想念长安、心系长安、梦断长安是他一生的诗篇。李白总共写了近 90 首与长安相关的诗，因为他的爱与憎聚集于斯，心与梦飞驰于斯，他的政治理想和人生的期望寄托于斯。所以，他的长安情结，一生都始终解不开，消不去。

一、长安回望，神采飞扬

盛唐的长安是繁华的、开放的，也是世俗的、奢靡的。李白正是在

李白长安离职的秘密

长安开始豪奢时兴高采烈地来到这里。皇帝对他的热情接待，可能被他本人渲染得过于浓烈，以至于他自以为从此就彻底告别了"蓬蒿人"的生活境遇，就可当上像苏秦那样"归时倘佩黄金印"的宰相了。李白作为翰林待诏的身份被皇帝如此隆重的礼遇亘古未有，无人能比。所以，在京都享受到皇恩浩荡的场景已经像烙印一样铭刻在了他的心底。作为一个凡身肉体的人，他也有另一面，即除了诗人放旷的一面，他也有世俗的一面。他有极旺盛的功名追求，也有功成身退的逸思。他既然有对富贵权势的追求与渴望，也便有了对自己人生巅峰的那种世俗的夸耀，这类的诗约有20多首。

"一朝君王重拂拭，剖心输丹雪胸臆。忽蒙白日回景光，直上青云生羽翼。"他觉得自己终于可以像大鹏那样扶摇直上九万里了，于是便有了对一朝蒙得皇恩后志得意满的炫耀。

"幸陪鸾辇出鸿都，身骑飞龙天马驹。王公大人借颜色，全璋紫绶来相趋""清切紫霄迥，优游丹禁通。君王赐颜色，声价凌烟虹。乘舆拥翠盖，扈从金城东。宝马丽绝景，锦衣入新丰……因学扬子云，献赋甘泉宫。天书美片善，清芬播无穷。归来入咸阳，谈笑皆王公"。"彤庭左右呼万岁，拜贺明主收沉沦。翰林秉笔回英眄，麟阁峥嵘谁可见。承恩初入银台门，著书独在金銮殿。龙驹雕镫白玉鞍，象床绮席黄金盘。"这就是他不飞则已、一飞冲天后，用高华流美的文字对自己荣宠权势生活的反复、极度的渲染。这简直就是此景只应天上有，人间能得几回见的宫廷艳照！

"汉帝长杨苑，夸胡羽猎归。子云叨侍从，献赋有光辉。激赏摇天笔，承恩赐御衣。"作为一个文人，能得到皇帝的恩赐沐浴和御衣的待遇，心里的那种满足感是相当高啊。他摆个优美的姿势，何其快乐哉！

"天子分玉帛，百官接话言。毫墨时洒落，探玄有奇作。著论穷天人，千春秘麟阁。"我在秘麟阁上班的时候波墨挥毫，下笔千言。虽然工作很辛苦，但是一想到我能为国家作出贡献，我浑身顿时就充满了干劲。这不

第十回　留白的神韵留给历史

就是我想要的生活吗？人生如此，夫复何求！

如果生活要是每天都这样充满了阳光该多好，既不刮风，也不下雨。每天都能享受到皇帝那张可爱的笑脸，还有锦衣玉食的供奉，那该多么惬意多么美妙呀！

可是，高调的人设和生活就不是生活本来的面目。谪仙呀，坐上香车宝马的标准版本是一定要哭的，如果你能做到号啕大哭就能给你赢得更多的同情心和支持率。当然，你也是有权利笑的。但是一定要注意你笑的姿势和方式，要尽量克制住自己喜不自胜的心情，努力做到不露出一颗牙齿的笑，要优雅地笑，要温婉地笑，千万不可以放声大笑哟。更不可以肆无忌惮的笑。做人要低调，你懂的。

盛极而衰，盈满则亏。果然，美好的日子过了不久，他就感觉不太对劲不太自在，就开始抱怨了："君王虽爱蛾眉好，无奈宫中妒杀人。"来自朝廷和宫中某个角落蔓延过来的嫉妒像层层云雾向他压来，压得他透不过气。

于是，他又开始叫屈，从"骅骝拳跼不能食，蹇驴得志鸣春风"的埋怨，发展到"董龙更是何鸡狗"的怒斥和破口大骂。

待他精疲力竭之后，就剩下"日惨惨兮云冥冥，猩猩啼烟兮鬼啸雨"、"君失臣兮龙为鱼，权归臣兮鼠变虎"和"奈何青云士，弃我如尘埃。珠玉买歌笑，糟糠养贤才"的悲鸣和哀叹了。

但他又不总结经验和教训，一逮到机会仍然不遗余力地夸耀自己曾经的辉煌："君登金华省，我入银台门。幸遇圣明主，俱承云雨恩""扶摇应借力，桃李愿成阴"。总好像要提醒别人：我说朋友呀，我可曾经是皇上很看得上的人。如果方便的话，你就帮我提拔和推荐一下嘛。

这些夸耀话已经说了很多遍了，向同僚，向外地的朋友和诗友、道友。被放离京后，还要向送别的翰林同事再详作陈述。而陈述口气，无不以词臣的经历为荣，津津乐道。乃至他受到第二次打击流放夜郎，还对这一段辉煌念念不忘,他在《流夜郎赠辛判官》里又不厌其烦地说开了:"昔在长安醉花柳,五侯七贵同杯酒。气岸遥凌豪士前,风流肯落他人后。夫子红颜我少年,章台走马著金鞭。文章献纳麒麟殿,歌舞淹留玳瑁筵。"

好吧,如果回忆也可以用来疗伤,那就回忆吧;如果曾经的辉煌也可以用来表明自己很刚强,那就辉煌吧。无论怎样,总还是要让你的生活透一点光!

二、长安回望,朝思暮想

李白虽然落寞地离开了长安,但他与长安的情愫已经浓密得化解不开了,心似双丝网,中有千千结。他在《长相思》中发出了这种刻骨铭心、魂牵梦萦的心声:"长相思,在长安。络纬秋啼金井阑,微霜凄凄簟色寒。孤灯不明思欲绝,卷帷望月空长叹。美人如花隔云端,上有青冥之长天。下有渌水之波澜,天长地远魂飞苦。梦魂不到关山难,长相思,摧心肝。"

他的人虽然已经离开了京都长安,但他的心仍无时无刻地在呐喊:我深深地爱着你呀,这片多情的土地;我日日夜夜地思念着你呀,这如花美人般的长安。你与我相隔云端,总让我想念得肝肠寸断。"总为浮云能蔽日,长安不见使人愁!"

李白虽然情非得已地离开了长安,但他还是以长安人自居:"客自长安来,还归长安去。狂风吹我心,西挂咸阳树。"如果你要是不相信我是真的长安人,回到长安后,你在长安的任何一棵树上都一定能看到我的心早就紧紧地缠绕在那儿。长安的一草一木都镌刻着我对那片热土的眷恋和思念,我总在期盼向西而去的狂风能将我的整个身心送归长安。

李白不仅把自己融入诗中,也把长安人融入了自己的心中。他把长安的秋风、长安的月色、长安的捣衣声统统放进自己绵绵不绝的思念里怀想里:"长安一片月,万户捣衣声。秋风吹不尽,总是玉关情!"

当然,就好这一口的李白,酒必须在他意象的长安城里保留一席之

第十回　留白的神韵留给历史

地,并时时成为一种内心澎湃的向往和感情寄托的意象:"五陵年少金市东,银鞍白马度春风。落花踏尽游何处?笑入胡姬酒肆中""金丸落飞鸟,夜入琼楼卧""细雨春风花落时,挥鞭直就胡姬饮"。

梦回大唐,梦回长安只不过是大的概念和气象,但生活却都是具体的。而李白具体的生活里,怎能离得开金市的奔马、得意的春风、飘香的酒肆、放浪的笑声、华美的琼楼和谈笑风生的朋友呢!他在内心不止一次地独白道:"不是我真的戒不了酒,只是我真的戒不了朋友;不是我真的戒不了朋友,只是我真的戒不了对长安的思念!"

因为戒不了对长安的思念,所以他就想着哪天自己的双脚能再次踏上这片土地,用自己的鼻翼自由地呼吸一下这熟悉的空气。直到离开长安后的12年,即在安史之乱的次年,他在《赠溧阳宋少府陟》里还希望"何日清中原,相期廓天步",他还是希望能回到长安。他参加永王李璘军事集团的目的,就是要像谢安那样能够东山再起,能够回到国家的政治中心来:"试借君王玉马鞭,指挥戎虏坐琼筵。南风一扫胡尘静,西入长安到日边。"

李白57岁的时候,那年他离开京城都14年了,还想着求人帮忙到长安求得一官半职,希望回到他眷恋着的比故乡还用情更深的长安:"伏惟陛下回太阳之高辉,流覆盆之下照,特请拜一京官,献可替否,以光朝列。"即使我再当不了翰林待诏,那我就退而求其次弄个小京官干干,好否?总之,只要让我回到长安,安排我做什么样的差事都行。

然而,历史总是像个调皮的孩子跟李白东躲西藏地玩游戏,也不管他头发都愁白了愁长了:"白发三千丈,缘愁似个长。不知明镜里,何处得秋霜?"也不管他眼睛愁得都快滴出血来了:"愁闻出塞曲,泪满逐臣缨。却望长安道,空怀恋主情。"也不管他一个人神神叨叨地都快愁成抑郁了:"水国秋风夜,殊非远别时。长安如梦里,何日是归期""三山怀谢朓,水澹望长安""回鞭指长安,西日落秦关。帝乡三千里,杳在碧云间"!

李白长安离职的秘密

他虽然有点语无伦次了,但喋喋不休的总是离不开"长安"两字:"正西望长安,下见江水流。寄言向江水,汝意忆侬不""一为迁客去长沙,西望长安不见家""记得长安还欲笑,不知何处是西天""西忆故人不可见,东风吹梦到长安""峨眉山月还送君,风吹西到长安陌。长安大道横九天,峨眉山月照秦川"。

他已经得了很严重的相思病,他在写《静夜思》"举头望明月,低头思故乡"的时候,已经有点精神错乱了,他已经把长安当成了他的故乡。他在举头遥望那一轮明月的时候,他是真真切切地希望那长安的月色发出银光来,能投射到他的身体里、心坎中。唯有"长安"这味解药能够让他的相思病痊愈,唯有"长安"的曾经才能够抚慰他躁动的心灵。

但最终,李白还是没能再次回到长安,他只能在自己的记忆里回望长安,以至于不惜殒命地纵身跳江想捞回跌入水里的月亮来照亮他遥望长安的路。

李白像一颗流星划过了那时的天际,虽然时间倏忽,却光芒四射,并且照亮了唐诗的整个天空。因此,就这一点而言,李白不愧为一代诗仙文宗,他无愧于时代无愧于历史。至于他个人理想的幻灭,这只不过是跌宕起伏的历史长河里那小小的一尾波纹。

李白长安离职的结局虽然有点可惜和缺憾,但他将关于人生成败的思索和考量毫无保留地呈现给了现在。

李白将他人生留白的神韵留给了历史,并且能穿越时空,光照千年。这就弥足珍贵,这就魁伟无比!

李白年表

公元701年（武则天长安元年）出生于中亚的碎叶城（今吉尔吉斯斯坦的托克马克省，当时归大唐安西都护府管辖）。出生时，其母梦见有天上的太白金星入怀，故取名李白。

公元705年（中宗神龙元年）五岁。此年，其父携家带口地从西域迁居至四川绵阳江油县青莲乡。发蒙读书始于此时。

公元711年（睿宗景云元年）十岁。读《诗》《书》及诸子百家。

公元715年（开元三年）15岁。已有诗赋多首，并得到一些社会名流的推崇。亦开始接受道家思想的影响，好剑术，喜任侠。

公元718年（开元六年）18岁。在戴天山（又名大匡山，在今四川江油县内）读书。先后出游江油、剑阁、梓州（今四川省境内）等地。

公元720年（开元八年）20岁。出游成都、峨眉山。拜谒颋于成都。颋甚赞其才，复励之以学。

公元721年（开元九年）21岁。春归家昌明。此后三年均在匡山读书。

公元724年（开元十二年）24岁。离开故乡而踏上远游的征途。再游成都、峨眉山，然后舟行东下至渝州（今重庆市）。

公元725年（开元十三年）25岁。春三月自三峡东下。经荆门山至江陵。在江陵与当时著名的道士司马承祯相遇。夏游洞庭（在今湖南省境内）、庐山（在今江西省境内）。秋游金陵（今南京市）。

公元726年（开元十四年）26岁。春往会稽。秋，病卧扬州。冬，北游汝州（今河南省临汝县），至安陆（今湖北省安陆县），结识孟浩然。

公元727年（开元十五年）27岁。居于安陆寿山，与故宰相许圉师之孙女结婚。安家于安陆。

公元728年（开元十六年）28岁。早春，出游江夏（今武汉市），与孟浩然再次相见。

公元730年（开元十八年）30岁。春在安陆。此前曾多次谒见本州裴长史，因遭人谗谤，终为所拒。初夏，往长安，谒宰相张说，并结识其子张垍。到终南山玉真公主别馆，拜谒未果。暮秋游邠州（在长安之西）。冬游坊州（在长安之北）。

公元731年（开元十九年）31岁。穷困潦倒于长安，初夏，离长安，经开封，到宋城（今河南商丘市）。秋到嵩山，恋故友元丹丘的山居所在，遂有隐居之意。暮秋，滞留洛阳。

公元732年（开元二十年）32岁。自春历夏在洛阳，与元演、崔成甫结识。秋，自洛阳返安陆。途经南阳，结识崔宗之。冬，元演自洛阳到安陆相访，二人同游随州。岁末，归家安陆。

公元733年（开元二十一年）33岁。构石室于安陆白兆山桃花岩。开山田，开启耕读的生活模式。

公元736年（开元二十四年）36岁。从安陆移家东鲁兖州，将家庭安置兖州治所瑕丘（今兖州）城的东门之外，随即入编瑕丘户籍，并得到了瑕丘官府所分给的田地。

公元738年（开元二十六年）38岁。春，出游南阳、嵩山（元丘的居所）、陈州、楚州（今江苏淮安）等地。

公元739年（开元二十七年）39岁。春至初夏，在安宜（今江苏宝应）。夏，漫游于吴地一带。秋，逆长江西上，经当涂（今安徽当涂县），至巴陵（今湖南岳阳），逢王昌龄被贬谪岭南，二人会晤。冬，自巴陵归安陆。

李白年表

公元741年（开元二十九年）41岁。居东鲁，与韩淮、裴政、孔巢父、张叔明、陶河等隐于徂徕山（今泰安境内），纵酒酣歌，号称"竹溪六逸"。又以学道为事，意欲出游越地。

公元742年（玄宗天宝元年）42岁。四月，游泰山。欲游越中。玄宗征召入京，返南陵。秋，赴长安。与太子宾客贺知章相遇。

公元743年（天宝二年）43岁。初春，玄宗于宫中行乐。奉诏作《宫中行乐词》，赐宫锦袍。暮春，兴庆池牡丹盛开，玄宗与杨玉环同赏，又奉诏作《清平调》。

公元744年（天宝三年）44岁。春正月，因未能参加贺知章归越的饯行宴会，心有戚戚然。三月，自知不为朝廷所用，上书请还山，玄宗赐金，离长安而去。初夏，与杜甫识于洛阳。旋往开封、商丘，请北海高天师授其道，决心遁入方外。秋，与高适、杜甫共游梁宋（今河南开封、商丘）。

公元745年（天宝四年）45岁。春在任城。杜甫来东相访。二人同游于任城一带。夏，与高适、杜甫同谒北海太守李邕于济南。秋，与杜甫复会于郡（今山东曲阜）。秋冬，在鲁郡别杜甫，游金乡（今山东金乡县）、单县。

公元746年（天宝五年）46岁。春，游鲁郡。卧病任城。秋，病愈，又游于鲁郡。是年自春以来屡有南游之念，终于秋末启程。

公元747年（天宝六年）47岁。在路上遇崔成甫。往会稽吊贺知章。登天台山（今浙江天台县）。冬返金陵，此后二年，留居金陵。

公元748年（天宝七年）48岁。春在金陵，夏至扬州，秋游霍山（今安徽六安），冬到庐江（今安徽庐江）。

公元751年（天宝十年）51岁。春在任城。秋滞留在高凤（后汉的隐士）石门山（今河南叶县）元丹丘居处。秋末，自开封北游幽州（今北京市），经河北道、邺郡（今河南安阳）。

李白长安离职的秘密

公元752年（天宝十一年）52岁。北上途中，游广平郡（今河北南部），拜访侄子李聿清漳县（今广平县）令。沿途流连。十月，抵达范阳郡（今北京市）。初识安禄山欲启边地战事之真相，颇感危险，即离范阳而去。

公元753年（天宝十二年）53岁。早春，自范阳南下魏郡（今河北魏县东），游西河郡（今山西汾阳），继续沿汾水南下，入潼关，登西岳华山。至历阳（今安徽和县）横江浦渡长江。秋，又南下宣城、句溪、敬亭山等地。

公元755年（天宝十四年）55岁。夏游当涂。秋游秋浦（今安徽贵池），冬返宣城。旋至金陵，知安禄山叛乱。门人武谔许去鲁中接其子女南下。分别后，自往宋城接其妻宗氏。

公元756年（肃宗至德元年）56岁。岁初，与妻子宗氏一道南奔避难。春在当涂，旋闻洛阳失陷，乃自当涂返宣城。后闻郭子仪、李光弼在河北大胜，又返金陵。秋，闻玄宗奔蜀，遂沿长江西上，入庐山屏风叠隐居，永王李璘数次下达聘书，几经犹豫，终于决定下山入其幕府。

公元757年（至德二年）57岁。正月，在永王军营，作组诗《永王东巡歌》。永王兵败丹阳，李白自丹阳南逃。旋被缚入寻阳狱中。妻宗氏为救其四处奔走。江南宣慰使崔涣与御史中丞相宋若思极力救之，乃获释。宋若思任李白为军幕参谋，以掌军中文书事务。并随宋若思一同至武昌（今湖北鄂城）。九月，病卧宿松，后肃宗又追究永王东巡事件，李白而被判长流夜郎。

公元758年（肃宗乾元元年）58岁。李白自寻阳出发，开始长流夜郎，妻弟宗璟相送。春末夏初，途经西塞驿（今武昌县东），至江夏，访李邕故居，登黄鹤楼，眺望鹦鹉洲。秋至江陵，冬入三峡。

公元760年（肃宗上元元年）60岁。春由洞庭返江夏。秋至寻阳，再登庐山。决意游仙学道以度余年。冬在建昌（今江西修水县西北）。岁末至豫章（今江西南昌）。

公元761年（上元二年）61岁。流落江南的金陵一带。靠人赈济为生，闻史朝义势力复盛，李光弼派兵镇压，再次请缨入其军幕，但因病而半道还。冬初，寄宿于当涂县令（县知事）李阳冰处。曾出游历阳，旋归当涂，卧病于斯。

公元762年（代宗宝应元年）62岁。早春，卧病当涂。晚春三月，做最后的一次旅行，游宣城、南陵。秋归当涂，病况日下，自知无望。而李阳冰又退隐在即，欲走无路，困顿无据。临终之际，将平生所著托付李阳冰。11月，卒于当涂，有绝笔《临终歌》一首。

主要参考文献及书目

1. 李长之著．李白传．天津：百花文艺出版社，2010.
2. 薛天纬著．李白诗解．北京：中国社会科学出版社，2016.
3. 金涛声，朱文彩编．李白资料汇编．北京：中华书局，2007.
4. 安旗著．李白传．北京：文化艺术出版社，1984.
5. 康震著．诗仙李白．北京：中华书局，2018.
6. 蒙曼著．唐明皇．北京：新星出版社，2016.
7. 高宇著．长安处处有故事．西安：陕西人民教育出版社，2016.
8. 吴明贤著．李白与四川．成都：四川大学出版社，2010.
9. 董晓玲著．李白绣口一吐，就是半个盛唐．哈尔滨：哈尔滨出版社，2017.
10. 阮堂明，阮文娜编．李白诗文选．郑州：中州古籍出版社，2011.
11. 周勋初著．李白研究．武汉：湖北教育出版社，2003.
12. 周勋初著．李白评传．南京：南京大学出版社，2005.
13. 郁贤皓著．李白丛考．西安：陕西人民出版社，1983.
14. 随园散人著．一声狂笑，半个盛唐：李白传．南京：江苏凤凰文艺出版社，2018.
15. 刘敬堂著．盛唐，狂人也寂寞：李白传．北京：中国文史出版社，2015.
16. 罗宗强著．李杜论略．呼和浩特：内蒙古人民出版社，1980.

另外：本书部分内容还参阅、编撰了网络和媒体公开发表的相关文章，如天涯论坛发愤蛀书的《唐代诗人乱弹》、搜狐网《诗仙李白婚姻后的凄惨人生》《古人为什么总写诗》、广州日报《李白在翰林院的上班感言》、简书《古人为什么喜欢饮酒作诗》《浅谈李白诗歌的艺术成就》《诗仙李白和长安城千丝万缕的羁绊》等。

后 记

当我决定要编写这本书的时候，其实是颇为踌躇和犹豫的。因为曾经有很多专家学者写有大量的关于李白的研究论著，这些论著如果用汗牛充栋来形容也不为过。所以在动笔之前，我几乎用了约一年半的时间来进行大量的阅读和查询关于李白的相关资料。等到一个轮廓清晰、形象立体的李白站在我面前的时候，我才鼓足了勇气尝试性地开始动笔。

不得不承认写作是一件很难很难的事情，尤其是写李白这样妇孺皆知的大人物。谁要是在他的太岁头上动土一定是犯了很多禁忌的，也一定会遭到他粉丝的围观，甚至是吐槽的。且不说人们对李白的诗歌才华和他在诗坛巨擘地位的认同，对他酷爱自由、恃才放狂、蔑视权贵的赞赏，以及他那一生敢于追求和实现自己理想的伟大形象像一座高塔早已定格于脑海、沉淀于心中；更不用说专家学者关于李白的研究早已是著作等身。因此，再写李白就不能入了俗套，必须从另一个角度或者用另一种全新的理念来对李白进行诠释和解读。

以前，有很多学者分析李白离开长安的原因大致是以下两种：一是因为他得罪了小人，当然这些小人并不是真正意义上的小人物，而是民间普遍认为的包括了高力士、杨国忠甚至是杨贵妃这样的大人物，才使李白无法立足而不得不离开政治权力中心长安；二是因为他的文学待诏、侍从的身份不利于他政治理想的实现，才使他抑郁不得志地酗酒放旷而遭受了皇帝的冷落，最终导致了他不得不离开长安。

后 记

  他们分析的这两种原因其实质可归结为一种：归罪于外！是外在的因素和条件所迫，使得李白怅然离去的。

  那我们可否从事情的另一面即从李白自身的原因方面、并且从"我即公司"的自我内在因素方面，将李白的"离开长安"上升到"长安离职"来进行分析和探究呢？

  因此，才有了这样一本书呈现在您面前。当然，我和其他所有的作者一样，只是想表达自己对事物认知的一种见解和观点，其偏颇和失误一定在所难免。希望广大读者和专家们仁者见仁、智者见智，多多提出宝贵意见，不胜感激之至！

  最后，衷心感谢北京华业文化有限公司董事长李世化先生对本书的付梓给予的大力支持，同时也要感谢妻子何梅侠、儿子王子濠对本书的创意设计和校对付出的努力，感谢南京叔叔王志祥对本书的创作提出了很好的建议和鼓励，感谢我最尊贵的朋友默默无闻的关心和支持。感谢你们！

王新安

2019 年 5 月 10 日于西安